ATHANASIANA SYRIACA

PART II

1. HOMILY ON MATTHEW XII 32 (Epistola ad Serapionem IV § 8-23). 2. EPISTOLA AD AFROS. 3. TOMUS AD ANTIOCHENOS. 4. EPISTOLA AD MAXIMUM. 5. EPISTO LA AD ADELPHIUM

CORPUS
SCRIPTORUM CHRISTIANORUM ORIENTALIUM

EDITUM CONSILIO

UNIVERSITATIS CATHOLICAE AMERICAE
ET UNIVERSITATIS CATHOLICAE LOVANIENSIS

Vol. 272

SCRIPTORES SYRI

TOMUS 118

ATHANASIANA SYRIACA

PART II

1. HOMILY ON MATTHEW XII 32 (Epistola ad Serapionem IV § 8-23). 2. EPISTOLA AD AFROS. 3. TOMUS AD ANTIOCHENOS. 4. EPISTOLA AD MAXIMUM. 5. EPISTOLA AD ADELPHIUM

EDITED

BY

ROBERT W. THOMSON

LOUVAIN
SECRÉTARIAT DU CorpusSCO
49, CH. DE WAVRE
1967

PREFACE

This second volume of *Athanasiana syriaca* contains the versions of five texts. Four of these (*Ad Serapionem IV* § 8-23, *Ad Afros, Ad Antiochenos, Ad Maximum*) are extant only in one manuscript, British Museum Or. 8606, while the *Ad Adelphium* is found in both that manuscript and British Museum Add. 14531.

B.M. Or. 8606 is of interest as the only manuscript to contain a collection of versions of works by, or attributed to, St. Athanasius, though it does not represent a Greek corpus of *Athanasiana* but a collection of items previously translated into Syriac. Some of these items have been subjected to tendentious revisions, but it is not the purpose of the present volume to discuss deliberate alterations to the text. Here only the punctuation has been corrected; mis-spellings have been indicated in the notes, where also agreements of biblical quotations with the Peshitta text have been marked. As before, the texts have been divided into sections corresponding to those of the Greek edition in J. P. Migne's *Patrologia Graeca*.

My thanks are again due to the Trustees of the British Museum for permission to print the Syriac texts.

R.W. Thomson

INTRODUCTION

B.M. Or. 8606 was written in 723 A.D. in Edessa at the Melkite Cathedral where was kept the « Icon of the Lord » [1]. In its present state the MS has 141 folios, but the beginning is lacking; the missing nine folios are now in Milan [2]. It is written in vellum in a fine Estrangelo hand. Each page measures 25 × 17 cm. and has two columns of 34 to 36 lines to a column. The MS contains 22 items :

Milan fragment fol. 182r. Index.
  1. Milan fragment fol. 182v - 190v and B.M. Or. 8606 fol. 1r - 6v. Athanasius, *Contra Apollinarium I*.
  2. fol. 6v. Athanasius, *Ad Adelphium*.
  3. fol. 11r. Damasus, *Epistola Synodica ad Paulinum Thessalonicae*.
  4. fol. 12v. Athanasius, *De Incarnatione et contra Arianos*.
  5. fol. 27r. Athanasius, *Ad Maximum*.
  6. fol. 29v. Athanasius, *Ad Jovianum*.
  7. fol. 30r. Athanasius, *De Incarnatione Dei Verbi*.
  8. fol. 31r. Athanasius, *Quod Unus sit Christus*.
  9. fol. 34v. Athanasius, *Ad Serapionem IV* § 8-23.
 10. fol. 43r. Athanasius, *Ad Afros*.
 11. fol. 50r. Athanasius, *Ad Antiochenos*.
 12. fol. 54r. Basil, *Contra Eunomium IV* and *V*.
 13. fol. 90r. Basil, *Epistola XXXVIII*.
 14. fol. 95r. Amphilochius, *Homily on John XIV 28*.
 15. fol. 101v. Proclus, *Oratio I de Incarnatione et Virgine*.
 16. fol. 105r. Chrysostom, *Homily on Matthew XXVI 39*.
 17. fol. 112r. Ephraim, *Homily on the Incarnation*.
 18. fol. 113v. Proclus, *Homily on the Birth of our Lord in the Flesh*.
 19. fol. 117v. Severian of Gabala, *Homily on the Birth of our Lord*.

---

[1] For a full description of the MS, the Syriac text of the colophon and references to the previous literature, see R. W. Thomson, *An Eight-Century Melkite Colophon from Edessa, The Journal of Theological Studies* N.S. 13 (1962), p. 249-258.

[2] In the Ambrosiana, Syriac fragment n° 46, Milan A296 Inf. Cf. J.-B. Chabot, *Inventaire des fragments syriaques conservés à la Bibliothèque Ambrosienne à Milan, Muséon 49* (1934), p. 37-54, and C. Moss, *Note on the Patristic MS. Milan n° 46, ibid.*, p. 289-291.

20. fol. 118v. Leo, *Tome.*
21. fol. 125r. Felix, *Ad Petrum, Epistola LXXI.*
22. fol. 127r. Sophronius of Jerusalem, *Letter to Arcadius of Cyprus.*
    fol. 140v. Colophon : This book ... was written in the blessed city Ourhai of Mesopotamia in the month Nisan in the year 1034 (723 A.D.), in the time of office of the pious John, Metropolitan of the same city, and of the chaste and God-loving Cyrus, head priest and oeconomus, and Simon the second priest, and Yannai, priest and higoumenos of the House of the Image of the Lord, and Yannai, priest and chartularius of the same holy church, and John, deacon and skeuophylax, and Cosmas, head of the subdeacons and notarius, and John, head of the lectors, and John, head of the choir of the Greeks, and Nicianos, head of the choir of the Syrians, and Stephen, deacon of the baptistery, with the rest of all the chaste clergy. ... (It was acquired by) John the priest, son of Girsa who is from Briṣaye, a village in the district of Homṣ. It was written by the sinful and unworthy Gabriel, priest of the same church which was mentioned above, from old and reliable copies of books which are in the treasury of the same church. It was arranged and collated with all accuracy by the unworthy Constantine, deacon and disciple of George, head bishop of Apamea, the city of Syria ... But every one who asks for this book ... and does not return it to its owner, let him know that he is under the anathema of the 318 bishops ... until he return he return it.

B.M. Add. 14531 is written on vellum in a good Estrangelo hand of the seventh or eighth century [3]. The MS contains 159 folios and measures 24.5 × 17 cm.; each page has two colums with 26 to 34 lines to a column. There are 14 items including three attributed to Athanasius [4] :

---

[3] See the description in W. WRIGHT, *Catalogue of the Syriac Manuscripts in the British Museum*, London 1870-72, vol. II, p. 738-740. This MS is listed as n⁰ DCCLXIX.

[4] On fol. 1r is a paragraph written in a later Jacobite hand defining the four terms ܐܘܣܝܐ, ܟܝܢܐ, ܟܢܐ and ܩܢܘܡܐ signed by Gabriel of Qarman. It reads : When (you say ?) .. substance, understand that everything which is a hypostasis and subists is a substance, whether men or animals or plants or sheep or stones or angels or demons or souls.

1. fol. 1v. Cyril of Alexandria, *Quod Unus sit Christus.*
2. fol. 60r. Chrysostom, *Homily on the Parable of the Prodigal Son.*
3. fol. 69r. Basil, *Homily on Virginity and Holiness.*
4. fol. 77r. Erechteus bishop of Tarsus, *Homily on the Nativity.*

And the nature of the holy Trinity is called substance. And if any one asks you and says: Is everything substance? say : No, but everything which subsists with respect to its being is substance. And if he asks you : Are darkness and sin substances? say : No. And if he asks you : Why? say : Because neither of them has hypostasis, but darkness is defined as the absence of light, and sin when a man abstains from doing good things and does evil things. And everything which subsists with respect to its being is substance. And nature is whatever subsists (?) ... and is something extant; and hypostasis whatever subsists. For substance and nature and being all have two meanings. Firstly for all men; and secondly of men ... separately and individually substance is predicated. But hypostasis is not predicated of all men together because it does not include plurality but one person alone. And again if he says to you : .. Is hypostasis substance or not? say : ... And if he asks : How? say : There is a difference between them because ... substance (differs?) by definition from all nature. Nature, being and hypostasis are called substance.

Pray for him who wrote down this for our Lord's sake. I Gabriel the Stylite of Qarman wrote this. Pray for me in the faith.

ܬܘܒ ܡܛܠ ܐܘܣܝܐ ܘܟܝܢܐ ܘܐܝܬܐ ܘܩܢܘܡܐ. ܐܡܪܬ، ܕ ... ܐܘܣܝܐ ܗܟܝܠ
ܐܬܩܛܠ. ܕܟܠ ܡܕܡ ܕܐܝܬܘܗܝ، ܩܢܘܡܐ ܘܡܬܚܡ ܐܘܣܝܐ ܐܝܬܘܗܝ.، ܐܢ
ܒܢܝ̈ܢܫܐ ܐܘܢ ܫܡܝ̈ܬܐ ܐܘܢ ܢܦ̈ܩܬܐ ܐܘܢ ܢܘܪ̈ܐ ܐܘܢ ܒܗ̈ܡܬܐ ܐܘܢ
ܡ̈ܠܐܟܐ ܐܘܢ ܥܦ̈ܪܐ ܐܘܢ ܢܦ̈ܫܬܐ. ܘܗܘ ܚܫܘܟܐ ܕܐܬܚܫܒܘܬܐ ܘܕܝܢܬܐ
ܐܘܣܝܐ ܡܬܐܡܪ. ܐܘܢ ܐܢܫ ܡܫܐܠ ܠܟ ܘܐܡܪ ܕܟܠ ܡܕܡ ܐܘܣܝܐ
ܐܝܬܘܗܝ.، ܐܡܪ ܠܗ ܠܐ. ܐܠܐ ܟܠ ܡܕܡ ܕܩܐܡ ܠܗܘ ܐܘܣܝܐ ܐܝܬܘܗܝ.،
ܐܘܢ ܐܡܪ ܠܟ ܕܚܫܘܟܐ ܘܚܛܝܬܐ ܐܘܣܝܐ ܐܝܬܝܗܘܢ. ܐܡܪ ܐܢܬ ܠܐ.
ܐܘܢ ܐܡܪ ܠܟ ܕܠܡܢܐ ܐܡܪܝܢ. ܐܡܪ ܠܗ ܡܛܠ ܕܠܝܬ ܠܚܕ ܡܢܗܘܢ
ܩܢܘܡܐ. ܐܠܐ ܚܫܘܟܐ ܡܬܐܡܪ ܡܛܠ ܚܣܝܪܘܬ ܢܘܗܪܐ. ܘܚܛܝܬܐ ܡܛܠ
ܕܡܪܚܩ ܐܢܫ ܡܢ ܕܢܥܒܕ ܛܒ̈ܬܐ ܘܥܒܕ ܒܝܫ̈ܬܐ. ܘܟܠ ܡܕܡ ܕܩܐܡ ܠܗܘ
ܐܘܣܝܐ ܐܝܬܘܗܝ، ܘܟܝܢܐ ܡܕܡ ܕܩ... ܘܐܝܬ ܡܕܡ ܕܩܐܡ. ܘܩܢܘܡܐ ܡܕܡ
ܕܩܐܡ. ܐܘܣܝܐ ܓܝܪ ܘܟܝܢܐ ܘܐܝܬܐ ܟܠ ܚܕ ܬܪܬܝܢ ܣܘܟܠܝܢ ܡܬܐܡܪܝܢ.
ܒܩܕܡܝܐ ܥܠ ܟܠܗܘܢ ܒܢܝ̈ܢܫܐ. ܘܬܪܝܢܐ ܥܠ ܒܢܝ̈ܢܫܐ ... ܕܦܪܝܫ ܠܚܘܕܝܗܘܢ،
ܡܢ ܟܠܗܘܢ ܒܢܝ̈ܢܫܐ ܐܘܣܝܐ ܡܬܐܡܪܐ. ܩܢܘܡܐ ܕܝܢ ܠܐ ܡܬܐܡܪ ܥܠ
ܟܠܗܘܢ ܒܢܝ̈ܢܫܐ ܒܚܕܐܝܬ ܡܛܠ ܕܠܐ ܐܚܝܕ ... ܣܓܝܐܘܬܐ ܐܠܐ ܗܘ ܦܪܨܘܦܐ
ܒܠܚܘܕ. ܘܬܘܒ ܐ ܐܢ ܐܡܪ ܠܟ ... ܕܩܢܘܡܐ ܐܘܣܝܐ ܐܝܬܘܗܝ، ܐ ܐܘ ܠܐ.
ܐܡܪ ܠܗ ܕ ... ܘܐܢ ... ܐܡܪ ܠܗ ... ܠܚܠ ܚܕ ܡܢܗܘܢ ܡܛܠ ...
ܒܬܚܘܡ ܡܢ ܟܠܗ ܟܝܢܐ ܐܘܣܝܐ. ܐܘܣܝܐ ܡܬܐܡܪ ܟܝܢܐ ܘܐܝܬܐ ܘܩܢܘܡܐ.
ܨܠܘ ܥܠ ܡܢ ܕܟܬܒ ܗܠܝܢ ܡܛܠ ܡܪܢ. ܐܢܐ ܓܒܪܐܝܠ ܕܝܠ ܐܣܛܘܢܝܐ
ܕܩܪܡܢ ܟܬܒܬ ܗܠܝܢ. ܨܠܘ ܥܠܝ ܒܗܝܡܢܘܬܐ.

5. fol. 81v. Athanasius, *Quod Unus sit Christus.*
6. fol. 86v. Chrysostom, *Homily on Psalm XLI.*
7. fol. 102v. Athanasius, *Ad Adelphium.*
8. fol. 109r. Doctrine of the Apostles.
9. fol. 116v. Severius, *Letter to the Nunneries,*
10. fol. 118r. Jacob of Batnea, *On Repentance.*
11. fol. 119r. Cyril, *Letter to the Brethren from Palestine.*
12. 121v. Questions to Cyril from deacon Tiberius and eight other monks.
13. fol. 123v. Cyril, *Letter* in reply to the above questions.
14. 141r. Athanasius, *Contra Apollinarium I.*
    fol. 159r. Index.
    fol. 159v. Note : Every one who asks for this book, either to read it or copy from it, and keeps it and does not return it ... may he share the lot of him who struck our Lord with a spear in his side; and also whoever erases this memorial. And may there be mercy for the scribe on the day of Judgement, and for all who had a share in writing this book. Amen and amen. Pray for me.

    Added later in Jacobite script : The pious priest John, son of George son of Crito, presented this book to the holy monastery of the Mother of God of the Syrians in the desert of Scete in Egypt. He entrusted it to Moses, surnamed of Nisibis, abbot of the monastery mentioned above, in Baghdad the capital, whither he came on the matter of the capitation tax demanded from the monks in the year 1238 (927 A.D.), and they removed it from them [5]. May God, for whose name he dedicated and offered this book, glorify his priesthood and preserve him and his children and brethren in works of righteousness; and may He bless them and grant them here and above blessings and his heavenly kingdom ... them and their departed and all who joined in prayer [6] ...

---

[5] On Moses' journey to Baghdad and his collection of manuscripts see the Introduction to W. CURETON, *The Festal Letters of Athanasius*, London 1848. Many of these manuscripts are now in the British Museum.

[6] Syriac text in WRIGHT, *loc. cit.*

Ad Serapionem IV § 8-23, Greek text in J.P. Migne's, *Patrologia Graeca*, vol. 26, cols. 648-676. There is an unpublished Armenian version in the Mechitarist library at Vienna, n° 629, fol. 107b-110b.

Ad Afros, Greek text in Migne, P.G. 26, col. 1029-1048.

Ad Antiochenos, Greek text in Migne, P.G. 26, col. 796-809.

Ad Maximum, Greek text in Migne, P.G. 26, col. 1085-1089.

Ad Adelphium, Greek text in Migne, P.G. 26, col. 1072-1084. Published Armenian version in Tayeçi (Discourses, Letters and Dialogues of St. Athanasius, Venice 1899) p. 124-133; unpublished Armenian versions in the Mechitarist library at Vienna, n° 629, fol. 73b-79a and n° 648, fol. 105b-112a.

SIGLA

A British Museum Or. 8606.

B B.M. Add. 14531

Variant readings in the apparatus correspond to all words between the sign ⌐ and the note number. In the margins of the text *a* and *b* refer to the columns on each page.

ܬܘܒ ܡܐܡܪܐ ܕܥܠܗ ܕܩܕܝܫܐ ܐܬܢܣܝܒ ܐܦܝܣܩܘܦܘܬܐ ܕܐܡܪ ܠܗ ܥܠ ܡܠܬܐ ܕܐܡܝܪܐ ܒܐܘܢܓܠܝܘܢ. ܕܟܠ ܕܢܓܕܦ ܥܠ ܪܘܚܐ ܠܐ ܢܫܬܒܩ ܠܗ.

8 ܡܛܠ ܕܝܢ ܡܠܬܐ ܕܐܘܢܓܠܝܘܢ ܗ̇ܝ، ܕܟܕ ܟܬܒ ܐܢܬ ܐܘܕܥܬܢܝ ܡܛܠܬܗ̇. ܫܡܥܘ ܠܝ ܚܒܝܒܝ ܟܕ ܐܢܬ ܠܟ ܥܠ ܬܐܪܬܐ ܦܠܓܬܐ. ܕܢܦܠ ܐܢܐ ܓܒܪ ܕܡܢ ܒܝܕܘ ܐܬܦܪܥ ܠܗ̇. ܕܠܐ ܟܕ ܐܣܘܬ ܠܚܘܡܐ ܕܫܘܥܒܗ̇ ܘܐܫܪܪܐ ܐܚܝܕܗ̇. ܠܐ ܐܬܡܚܝܐ ܕܐܪܕܠܐ ܒܡܘܡܐ ܕܐܝܕܟܬܐ ܕܒܗ̇. ܐܫܬܘܡ ܗܒܠ ܡܠܝܐܝܬ ܢܦܫܐ ܗܘܝܬ. ܘܠܗܠܝܢ ܒܠܫܢܐ ܐܫܡܥ ܠܐܝܠܝܢ ܕܡܢ ܩܕܝܡ ܐܬܟܬܒ. ܐܬܪܓܫܬ ܕܝܢ ܕܠܡܐ ܕܬܪ̈ܬܝܢ ܕܒܢ̈ܝܢ ܟܕ ܟܬܒ ܐܢܬ ܬܬܒܥܢܝ ܦܘܫܩܗ̇ ܕܡܠܬܐ. ܘܡܛܠ ܐܢܬ ܐܢܐ ܠܝ ܕܟܬܒܬ ܕܡܕܡ ܕܐܝܬ ܒܬܪܓܡܗ̇، ܒܝܢܬܐ ܡܛܠ ܗܕܐ ܐܬܟܘܒ ܠܝ. ܟܕ ܬܟܬܒ ܐܢܐ ܕܐ ܐܬܡܛܠܐ ܠܬܪܓܡܬܐ ܕܟܗ̇ ܬܦܟܠ ܡܛܠ ܗ̇ܘ ܕܦܩܕ.. ܐ ܕܝܢ ܠܐ ܐܬܡܛܠܐ ܠܐ ܐܬܒܕܠ ܡܟܝܢ ܒܕ ܢܒܐܢܬ ܣܦܝܠܬ ܘܒܪܢܫܘܬ.

* 35 rº b

ܡܠܬܐ ܕܝܢ ܐܢܬܘܢ ܗܕܐ. ܟܕ ܒܘܠܗܝܢ * ܐܬܘ̈ܬܐ ܕܗ̈ܘܝܢ ܗܘܝ، ܡܢ ܡܪܢ. ܐܝܠܝܢ ܕܐܘܢܓܠܝܘܢ ܡܕܝܢܐ ܐܬܟܬܒ. ܫܡܝܢ ܗܘܘ ܦܪ̈ܝܫܐ ܐܡܪܝܢ ܗܘܘ. ܕܗܢܐ ܠܐ ܡܦܩ ܕܝܘ̈ܐ ܐܠܐ ܐܢ ܒܒܥܠܙܒܘܒ ܪܝܫܐ ܕܕܝܘ̈ܐ. ܡܪܢ ܕܝܢ ܐܝܕܥ ܡܚܫܒ̈ܬܗܘܢ ܘܐܡܪ ܠܗܘܢ. ܟܘܠ ܡܠܟܘܬܐ ܕܬܬܦܠܓ ܥܠ ܢܦܫܗ̇ ܬܚܪܒ. ܘܐܡܪ. ܐܢ ܕܝܢ ܒܪܘܚܐ ܕܐܠܗܐ ܐܢܐ ܡܦܩ ܐܢܐ ܕܝܘ̈ܐ ܡܛܬ ܠܗ̇ ܥܠܝܟܘܢ ܡܠܟܘܬܐ ܕܐܠܗܐ[1]. ܘܡܛܠ ܡܢܬܐ. ܡܛܠ ܗܕܐ ܐܡܪ ܐܢܐ ܠܟܘܢ. ܕܟܠ ܚܛܗ̈ܐ ܘܓܘ̈ܕܦܐ ܢܫܬܒܩܘܢ ܠܟܘܢ ܠܒܢ̈ܝ ܐܢܫܐ. ܓܘܕܦܐ ܕܝܢ ܕܥܠ ܪܘܚܐ

[1] Cf. *Mt.* 12, *24-28*.

ܐܢܫܐ ܕܐܠ ܫܘܪ ܠܗ ܠܚܕܐ ܐܠ ܕܚܠܘܬܐ ܕܗܘ ܘܠܐ ܠܥܠܡܐ
ܕܗ̇ܚܪܝܢ. ܐܢܬ ܕܝܢ ... [¹]

9 * [² ...] ‎* 35 v° a

10 * 35 v° b

[¹] Cf. *Mt.* 12, 31-32. — [²] *Lege:* ‎ܐܢܝ‎. — [³] *Heb.* 6, 4-6. — [⁴] Origen *De Principiis* I 3, 5.

11 ܬܐܘܓܢܘܣܛܘܣ ܕܝܢ ܐܦ ܗܘ ܡܣܗܕ ܗܠܝܢ. ܐܝܢܐ ܕܥܒܪ ܬܚܘܡܐ ܩܕܡܝܐ ܘܕܬܪ̈ܝܢ ܒܨܝܪܐܝܬ ܡܬܬܕܝܢ. ܕܒܝܢܐ [1] ܕܝܢ ܕܬܠܬܐ ܠܝܬ ܠܗ ܡܦܣ ܒܪܘܚܐ. ܩܕܡܝܐ ܕܝܢ ܘܕܬܪ̈ܝܢ ܡܛܠ ܐܒܐ ܘܒܪܐ ܐܬܐܡܪܬ. * ܕܬܠܬܐ ܕܝܢ ܡܛܠ ܪܘܚܐ ܕܩܘܕܫܐ. * 36 r° a ܘܥܠ ܨܒܐ ܕܢܫܟܠܐ ܡܠܬܗ ܐܡܪ ܗܝ ܕܐܬܐܡܪܬ ܡܢ ܦܪܘܩܢ ܠܘܬ ܬܠܡܝ̈ܕܘܗܝ.، ܕܬܘܒ ܣܓܝ̈ܐܬܐ ܐܝܬ ܠܝ ܕܐܡܪ ܠܟܘܢ. ܐܠܐ ܠܐ ܫܦܩܝܢ ܐܢܬܘܢ ܕܬܫܩܠܘܢ. ܡܐ ܕܝܢ ܕܐܬܐ ܪܘܚܐ ܕܩܘܕܫܐ ܗܿܘ ܢܠܦܟܘܢ. [2] ܗܠܝܢ ܡܚܝܠ ܠܘܬ ܗܠܝܢ ܕܠܐ ܡܨܝܢ ܕܢܫܩܠܘܢ ܡܫܡܠܝܐܝܬ ܐܡܪ ܦܪܘܩܢ. ܟܕ ܡܬܬܚܬܐ ܠܒܪܘܬܗܘܢ. ܐܝܠܝܢ ܕܝܢ ܕܡܫܬܡܠܝܢ ܗ̇ܘܝܢ ܡܩ̈ܒܠܢܐ ܕܪܘܚܐ ܕܩܘܕܫܐ. ܘܠܐ ܚܒܝܢ ܥܠ ܡܘܠܦܢܗ ܕܒܪܐ. ܐܠܐ ܒܪܐ ܡܬܬܚܬܐ ܠܘܬ ܐܝܠܝܢ ܕܠܐ ܡܫܬܡܠܝܢ. ܪܘܚܐ ܕܝܢ ܫܘܡܠܝܐ ܐܝܬܘܗܝ، ܠܘܬ ܐܝܠܝܢ ܕܐܫܬܡܠܝܘ. ܘܗܫܐ [3] ܐܝܬܘܗܝ، ܠܥܘܕܪܢܐ ܕܟܠ ܪܘܚܐ ܕܩܘܕܫܐ. ܠܘ ܡܛܠ ܕܚܣܪ ܪܘܚܐ ܠܒܪܐ. ܐܠܐ ܡܛܠ ܕܐܝܠܝܢ ܕܠܐ ܐܫܬܡܠܝܘ ܐܝܬ ܠܗܘܢ ܡܦܣ ܒܪܘܚܐ. ܐܝܠܝܢ ܕܝܢ ܕܐܫܬܡܠܝܘ ܘܦܠܚܘ ܡܗܝܡܢܘܬܐ ܕܡܢ ܫܘܒܚܐ. ܐܦ ܠܐ * ܚܕ ܡܦܣ ܒܪܘܚܐ ܡܫܬܒܩ ܠܗܘܢ. ܗܠܝܢ ܡܢ ܗܠܝܢ * 36 r° b ܐܬܐܡܪ̈ܝ.،

12 ܐܝܢܐ ܕܝܢ ܡܢ ܐܝܠܝܢ ܕܢܠܦܬ. ܫܦܝܪ ܐܝܢܐ ܕܬܪܥܝܬܐ ܕܟܠ ܚܕ ܚܕ ܡܢܗܘܢ ܒܨܝܪܘܬ ܒܨܬܐ ܗܘ.، ܘܚܝܬܐ ܐܝܬ ܒܗ̇ ܐܢ ܡܕܡ ܕܒܗܐ ܘܒܚܝܡ ܡܗܘܢܐ ܠܐ ܡܫܬܒܩ ܒܗ̇. ܐܢܝܢܐ ܗ، ܒܨܝܪ ܕܡܕܡ ܕܐܝܬܘܗܝ، ܐܒܐ ܐܝܬܘܗܝ، ܐܦ ܒܪܐ. ܘܡܕܡ ܕܐܝܬܘܗܝ، ܐܒܐ ܘܒܪܐ ܐܝܬܘܗܝ، ܘܪܘܚܐ ܕܩܘܕܫܐ. ܕܠܐ ܦܘܪܫܐ ܓܝܪ ܐܝܬܘܗܝ ܠܬܠܝܬܝܘܬܐ ܡܫܒܚܬܐ ܘܡܫܬܡܠܝܬܐ. ܘܬܘܒ ܐܢ ܟܠ ܒܒܪܐ ܗܘܐ [4] ܘܟܠ ܒܗ ܩܐܡ [5]. ܐܝܟܢ ܐܝܬܘܗܝ، ܠܒܪ ܡܢ ܐܝܠܝܢ ܕܗܘܘ ܒܗ. ܟܕ ܡܚܝܠ ܗܠܝܢ ܠܝܬ ܐܝܟܢ ܠܒܪ ܡܢܗ. ܐܠܝܨܐ ܕܐܢܫܐ ܕܢܛܠܐ ܒܒܪܐ ܘܡܓܕܦ ܫܛܐ ܐܦ ܒܐܒܐ ܘܐܦ ܒܪܘܚܐ. ܚܒܪܐ ܕܝܢ ܩܕܫܐ ܐܢ ܒܪܘܚܐ ܠܚܘܕ ܡܬܚܫܒ ܗܘܐ. ܐܝܬ ܗܘܐ ܠܡܐܡܪ ܕܐܝܠܝܢ ܕܥܒܕܘ

[1] Lege: ܐܝܢܐ. — [2] *Jn.* 16, *12-13.* — [3] Sic! Lege: ܘܗܢܐ aut ܘܗܟܢܐ
[4] Cf. *Jn.* 1, *3.* — [5] *Coloss.* 1, *17.*

ܘܢܬܠܘ ܒܪܘܚܐ ܠܚܘܕ ܢܬܠܘ. ܡܛܠ ܕܝܢ ܕܒܐܒܐ * ܘܒܒܪܐ * 36 vº a
ܘܒܪܘܚܐ ܕܩܘܕܫܐ ܡܬܝܗܒ ܡܢ̈ܬܐ. ܘܗܘ ܡܫܬܡܠܝܐ ܥܠ
ܚܕ ܡܢ ܐܝܠܝܢ ܕܢܣܒܝܢ. ܐܢܫ ܕܐܢ ܟܠܗ ܡܢ̈ܬܐ ܗ̇ܘܝܢ ܒܡܘܗ̈ܒܬܐ
ܒܬܠܝܬܝܘܬܐ ܡܫܬܟܚܐ ܘܕܠܐ ܦܘܠܓܐ ܝܗܒܝܢ ܠܗ ܠܡܘܗ̈ܒܬܐ.
ܘܬܘܒ ܗܕܐ ܙܕܩ ܕܢܬܝܕܥ ܘܢܬܬܪܝܐ. ܕܐܢ ܡܢ ܟܠܗ̇ ܕܢܣܒܘܢ
ܡܢ̈ܬܐ ܦܪ̈ܝܫܐ. ܘܦܪܘܫ ܦܠܓܗ ܡܘܗܒܬܗ ܕܪܘܚܐ ܕܩܘܕܫܐ
ܗܠܝܢ ܡܛܠ ܗܕܐ ܗܘܐ ܡܢ. ܦܫܝܛܐ ܐܝܬ ܗܘܐ ܒܬܪܝܨܘܬܐ ܗܕܐ.
ܕܬܘܒ ܗܟܢܐ ܘܢܬܠܘ ܒܪܘܚܐ ܩܕܝܫܐ. ܐܢ ܕܝܢ ܐܦ ܠܐ
ܡܢ̈ܬܐ ܢܣܒܘܢ ܐܠܐ ܐܦ ܡܫܡܠܝܘܬܗ ܕܗܘܢ ܢܬܠܘ. ܐܝܟܢ
ܟܕ ܗܘܐ ܠܗܘܢ ܕܢܬܒܕܩܘܢ ܒܪܘܚܐ ܕܩܘܕܫܐ ܒܗ̇ ܕܡܫܬܘܬܦ
ܠܐ ܐܫܬܘܬܦܘ. ܠܘ ܓܝܪ ܟܕ ܡܫܡܠܝܘܬܐ ܦܠܓ ܗܘܐ ܗܘܐ ܡܢ
ܐܚܪܢ ܗܘܐ ܗܘܝܢ. ܐܠܐ ܟܕ ܡܦܠܓܢܘܬܐ ܡܢ̈ܬܐ ܕܕܢܣܒܝܢ ܗܘܝܢ.
ܘܟܕ ܚܕܠ ܒܢܘܪܐ ܠܦܪ̈ܝܫܐ ܕܡܢ ܒܗ ܗܘܘ ܠܗܘܢ ܬܘܒ
ܕܢܒܥܐ ܕܡܘܗ̈ܒܬܐ ܗܘܐ * ܙܒܢܐ. ܐܚܪܢ ܡܠܬܐ ܗܘܐ ܗܘܐ ܡܢ. * 36 vº b
ܟܕ ܗܟܝܠ ܦܪ̈ܝܫܐ ܡܬܦܠܓܝܢ ܒܗܕܐ ܘܦܪܩ ܕܢܣܒܘܢ ܡܢ̈ܬܐ.
ܐܡܝܢܐ ܗܝ، ܕܠܐ ܐܬܦܠܓ ܡܠܬܐ ܗܕܐ ܥܠ ܐܝܠܝܢ ܕܟܠܗ ܡܢ̈ܬܐ
ܐܬܚܒܪܘ. ܠܘ ܓܝܪ ܡܛܠ ܣܓܝ̈ܐܐ ܡܫܬܘܬܦܘܬ ܙܥܘܪܐ ܗܘܐ
ܠܗܠܝܢ. ܐܠܐ ܡܛܠ ܡܘܗ̈ܒܬܐ ܡܦܠܓܬܐ ܗܘܐ ܒܬܪܝܨܘܬܗܘܢ
ܡܬܪܝܨܘܬܐ ܗܕܐ. ܘܐܝܬ ܒܗܕܐ ܥܘܫܠܡܐ. ܗ̇ܘ ܡܢ ܓܝܪ ܚܒܪ
ܥܠ ܢܦܫܗ. ܐܝܟܢܐ ܕܝܢ ܕܢܬܦܪܫ ܒܗ̇ ܒܐܠܗܘܬܐ ܚܪܝܢܐ.
ܟܕ ܗܟܝܠ ܡܢ ܩܕܡ ܡܛܠ ܕܩܛܝܠܘܬܐ ܡܬܪܥܝܢ ܗܘܘ ܡܢ
ܦܘܡ. ܟܕ ܚܒܝܫ ܗܘܘ ܥܠ ܦܘܩܕܢܗ ܕܐܠܗܐ. ܘܡܛܠ
ܐܒܗ̈ܝܗܘܢ. ܘܡܛܠ ܢܡܘܣܐ ܒܡܦܩܐ. ܘܡܛܠ ܕܡܬܪܣܝܢ ܡܢ
ܐܝܠܝܢ ܕܐܬܐܡܪ̈ܢ، ܡܢ ܢܒ̈ܝܐ. ܘܕܚܠܝܢ ܗܘܘ ܒܥܠܬܗ ܕܐܠܗܐ
ܒܥܠܬ ܬܐܓܘܪܬܐ. ܚܕܬܐ ܗܘܐ ܠܗܘܢ ܕܢܬܘܒܘܢ. ܟܕ ܕܝܢ
ܐܚܪ̈ܢܝܢ ܗܘܘ ܕܒܒܠܒܘܒ ܚܦܡ ܕܡܐ. ܢܘ، ܕܠܘ ܣܝܡܐ
ܥܘܫܡܐ * ܐܝܬܘܗܝ، ܗܢܝܐ. ܐܠܐ ܐܦ ܡܘܗܒܬܐ ܐܚܪܢܐ ܕܠܐ * 37 rº a
ܡܬܓܠܝܢ ܕܢܒܥܘܢ ܡܢܗ. ܐܘ ܐܝܬ ܠܗܘܢ ܡܢܘ ܒܪܘܚܐ
ܕܢܒܥܐ. ܠܐܝܠܝܢ ܕܗܠܝܢ ܡܚܙܝܢ ܠܡܐܡܪ.

13 ܐܢ ܕܝܢ ܥܠ ܐܝܠܝܢ ܕܢܦܠܝܢ ܡܢ ܟܠܗ ܡܢ̈ܬܐ ܐܬܐܡܪܬ
ܡܠܬܐ ܗܕܐ ܕܟܠ ܡܘܗ̈ܒܬܐ. ܐܝܟ ܥܠܝܡܐ ܡܛܠ ܗ̇ܘ ܕܢܬܠܐ

ܚܡܝܪܐ ܕܟܠ ܚܕ ܠܢܦܫܗ܂ ܐܝܟ ܕܟܬܝܒ܂ ܚܡܝܪܐ ܇[1]

[Syriac body text — lines 1–20, column with marginal note "* 37 r° b" at line 9]

* 37 r° b

10 [Syriac]

15 [Syriac]

20 [Syriac]

14 [Syriac]

* 37 v° a

25 [Syriac]

ܥ܂[6]

---

[1] Cf. II Cor. 2, 8. — [2] Lege: ܗܘܝܢ — [3] Galat. 4, 19. — [4] Cf. Heb. 9, 10. —
[5] Eph. 4, 5. — [6] Jn. 1, 14 ita et Pesh.

ܠܘ ܚܛܘܦܝܐ ܚܫܒܗ̇ ܕܢܗܘܐ ܦܫܝܚܐ ܕܐܠܗܐ. ܐܠܐ ܢܦܫܗ ܣܪܩ. ܘܕܡܘܬܐ ܕܥܒܕܐ ܢܣܒ. ܘܒܐܣܟܡܐ ܐܫܬܟܚ ܐܝܟ ܒܪ ܐܢܫܐ. ܘܡܟܟ ܢܦܫܗ ܘܐܫܬܡܥ ܥܕܡܐ ܠܡܘܬܐ. ܡܘܬܐ ܕܝܢ ܕܙܩܝܦܐ[1]. ܡܛܠ ܗܢܐ ܕܐܝܬܘܗܝ، ܐܠܗܐ ܘܗܘܐ ܒܪ ܐܢܫܐ. ܐܝܟ ܐܠܗܐ ܡܚܝܐ ܗܘܐ ܡܝ̈ܬܐ ܘܡܚܠܡ ܠܟܠ ܡܟܐܒܐ ܗܘܐ. ܫܚܠܦ ܕܝܢ ܐܦ ܡ̈ܝܐ ܠܚܡܪܐ. * ܘܗܠܝܢ ܥ̈ܒܕܐ ܠܐ * 37 vº b ܐܝܬܝܗܘܢ ܕܒܪܢܫܐ. ܘܡܛܠ ܕܦܓܪܐ ܠܒܫ ܗܘܐ. ܨܗܐ ܗܘܐ ܘܟܦܢ ܘܚܫ ܗܘܐ. ܘܗܠܝܢ ܠܐ ܐܝܬܝܗܝܢ ܕܐܠܗܘܬܐ. ܘܐܝܟ ܐܠܗܐ ܗ̇ܘ ܐܡܪ ܗܘܐ. ܕܐܢܐ ܒܐܒܝ ܘܐܒܝ ܒܝ[2]. ܘܐܝܟ ܗ̇ܘ ܕܠܒܫ ܦܓܪܐ ܡܟܣ ܗܘܐ ܠܝܗ̈ܘܕܝܐ ܟܕ ܐܡܪ. ܕܠܡܢܐ ܒ̈ܥܝܢ ܐܢܬܘܢ ܕܬܩܛܠܘܢܢܝ ܠܓܒܪܐ ܕܫܪܪܐ ܡܠܠܬ ܥܡܟܘܢ. ܐܝܠܝܢ ܕܫܡܥܬ ܡܢ ܐܒܐ[3]. ܡܩܛܠܬ̈ܢ ܗ̈ܘ، ܕܝܢ ܗܠܝܢ ܠܐ ܗܘܐ ܡܦܪܫܐܝܬ ܐܝܟ ܗܘܝܗܘܢ. ܡܣܬܟܠܐܝܬ ܕܝܢ ܟܠܗܝܢ ܡܩܛܠܬ̈ܢ ܗ̈ܘ،. ܘܚܕ ܐܝܬܘܗܝ، ܡܪܝܐ ܕܗܠܝܢ ܦܥܠ ܗܘܐ ܒܦܓܪܗ. ܠܐ ܓܝܪ ܐܠܗܘܬܐ ܫܦܪ ܡܢ ܦܓܪܐ. ܘܠܐ ܦܓܪܢܝܘܬܐ ܫܦܪ ܡܢ ܐܠܗܘܬܐ ܗ̈ܘܝܢ ܗ̇ܘ،. ܘܗ ܡܛܠ ܦܓܪܢܐܝܬ ܘܗܘܝܐ ܗܘܐ ܐܠܗܐ. ܒܗ ܓܝܪ ܟܕ ܕܢܬܚܙܝ ܚ̈ܝܘܗܝ، ܕܗܡܝܢܐ. ܘܒܗ ܢܒܥܐ ܕܢܘܗܪܐ ܕܐܝܬܘܗܝ، ܐܠܗܐ. * ܒܠܥܕܝܐ ܦܓܪܢܐ ܐܒܕ. * 38 rº a ܕܐܢܐ ܘܐܒܝ ܚܕ ܚܢܢ[4]. ܘܡܬܚܙܝܢܐ ܒܠܚܘܕ ܠܟܘܠ ܐܢܫ ܡܟܐܒܐ ܗܘܐ. ܐܝܕܐ ܓܝܪ ܦܓܪܢܝܬܐ ܦܫܛ ܘܐܩܝܡ ܠܚܡܬܗ ܕܫܡܥܘܢ ܡܢ ܐܫܬܐ. ܐܦ ܠܒܪܬܗ ܕܝܪ ܒܡܥܫܬܐ ܡܢ ܡܝ̈ܬܐ.

15 ܐܬ̈ܥܝܐ ܗܟܝܠ ܗܪ̈ܣܝܘܛܐ ܕܐܬܢܟܠܘ ܟܠܗ ܕܪ̈ܕܘܬܗܘܢ. ܘܢܚܙܘܢ ܟܕ ܚܙܘ ܦܓܪܢܝܘܬܗ ܕܡܪܢ ܘܦܪܘܩܢ. ܒܦܓܪܗ ܒܗ̇، ܕܒܪܫܝܬ ܐܝܬܘܗܝ، ܡܠܬܐ[5]. ܡܢܗܘܢ ܕܝܢ ܟܕ ܚܙܘ ܗܠܝܢ ܕܐܠܗܘܬܗ. ܠܐ ܐܫܬܪܝܘܗܝ ܗ̇ܝ، ܕܡܠܬܐ ܒܣܪܐ ܗ̣ܘܐ ܘܐܓܢ ܒܢ[6]. ܒܪ ܐܢܫܐ ܗܟܝܠ ܡܗܝܡܢܐ ܘܫܠܝܚܐ ܕܡܪܢ ܒܪܢܫܘܬܗ ܕܐܠܗܐ. ܟܕ ܚܙܐ ܬܕܡܪ̈ܬܐ ܕܐܠܗܘܬܐ ܡܬܕܡܪ ܒܡܪܗ ܕܦܓܪܐ. ܘܟܕ ܬܘܒ ܚܙܐ ܒܚ̈ܠܫܘܬܐ ܕܦܓܪܐ ܡܬܕܡܪ ܒܡܟܝܟܘܬܐ ܕܐܠܗܘܬܐ ܕܒܗܘܢ. ܘܟܕ ܗܢܐ ܐܝܬܘܗܝ

[1] *Philipp.* 2, *6-8.* — [2] *Jn.* 14, *11* ita et Pesh. — [3] *Jn.* 8, *40.* — [4] *Jn.* 10, *30* ita et Pesh. — [5] *Jn.* 1, *1.* — [6] *Jn.* 1, *14* ita et Pesh.

ܗܝܡܢܘܬܐ ܒܒܪ̈ܝܬܐ ܡܕܝܢܬܐ. ܐܬܬܢܝܚ ܐܢ ܢܒܣܪܘܢ
ܒܦܪ̈ܝܫܘܬܐ * ܘܢܒܣܘܢ ܠܡܪܢ ܕܒܟܡ ܘܪܚܡܗ، ܘܚܫ. ܘܠܫܘܕ * 38 rº b
ܢܡܠܠܘܢ ܡܬܪ̈ܬܐ ܡܛܠ ܦܪܘܩ ܕܐܡܝܢ ܕܒܒܪ ܐܢܫܐ ܢܣܒ
ܦܓܪܢܐܝܬ. ܟܝܢ ܕܝܢ ܕܢܦܠܘܢ ܒܫܘܒܚܢܐ ܐܢ ܟܕ ܢܬܘܒܘܢ.
ܟܕ ܐܝܬ ܠܗܘܢ ܣܦܩ ܒܪܘܡܘܬܗ ܕܦܓܪܐ. ܘܬܘܒ
ܡܢܐ ܕܚܙܝܢ ܒܥܒ̈ܕܐ ܕܐܠܗܘܬܐ ܘܡܬܬܕܘܝܢ ܐܢܫܐܝܬ ܡܛܠ
ܚܫܗ ܕܦܓܪܐ. ܘܐܦ ܗ̇ܢܘܢ ܦܓܪܢܐܝܬ ܢܣܒ. ܡܛܠ ܕܟܕ
ܚܙܘ ܠܡܪܢ ܕܐܟܠ ܘܚܫ ܐܫܬܪܚܠܗ ܗ̇ܢܘܢ ܒܥܒ̈ܕܘܬܐ.
ܡܬܒܥܐ ܕܝܢ ܡܠܬܐ ܕܬܫܡܫ ܠܗܘܢ. ܟܕ ܐܝܬ ܠܗܘܢ ܣܦܩ
ܒܪܘܚܐ ܫܬܐ ܕܪܘܡܘܬܐ ܕܥܒ̈ܕܐ ܕܠܥܠ ܡܢ ܐܢܫܐ. ܐܝܟܢ،
ܕܝܢ ܕܠܠܐ ܐܫܬܒܚܬܐ ܕܗܠܝܢ ܢܒܣܪܘܢ ܒܡܫܪܘܬܗܘܢ. ܐܝܠܝܢ
ܕܡܬܚܦܛܝܢ ܕܐܝܬ ܒܗܘܢ ܡܕܡܬܐ ܕܢܦܫܐ ܕܐܝܬܝܗܘܢ
ܦܪ̈ܝܫܐ. ܘܢܬܦܩܘܢ ܟܕ ܣܓܝܬܐ ܘܡܫܬܠܡܢܐ ܢܒܣܪܘܢ
ܒܡܠܬܐ ܕܒܣܪܐ. ܐܘ ܕܥܒ̈ܕܐ ܕܐܠܗܘܬܐ ܢܬܠܘܢ ܠܐܦܘܠܝܢܪܐ
ܘܠܡܫ̈ܡܫܢܘܗܝ، * ܠܝܬ ܠܗܘܢ ܣܦܩ ܒܪܘܚܐ ܒܕܝܢܐ ܕܐܬܐ * 38 vº a
ܚܠܝܦܘܗܝ ܡܢ ܪܘܫܡܐ ܗܢܐ. ܡܛܠ ܕܠܐܟܠ ܦܪܘܩܐ ܐܠܗܐ
ܫܥܒܘܗܝ، ܘܠܗ̇ܘ ܕܐܝܬܘܗܝ، ܒܪܘܐ ܐܠܗܐ ܕܠܐ ܐܝܬ ܠܗ
ܡܕܡ ܝܬܝܪ ܒܥܒ̈ܕܘܗܝ، ܥܠ ܕܡܘܬܐ ܫܥܒܘܗܝ،

16 ܒܗܢܐ ܡܛܠ ܪܘܫܡܐ ܢܓܠܘ ܗܘܘ ܝܗ̈ܘܕܝܐ. ܘܡܬܪ ܡܢ
ܝܗ̈ܘܕܝܐ ܦܪ̈ܝܫܐ. ܟܕ ܚܙܘ ܦܪܘܩ ܡܫܝܚܐ ܗܘܐ ܥܒ̈ܕܘܗܝ،
ܕܐܟܠܐ. ܡܫ̈ܝܬܐ ܡܚܝܡܢ ܗܘܐ ܘܡܩܝܡܢܐ ܦܬܚ ܗܘܐ. ܘܠܣܓܝܐܐ
ܕܢܩܠܚܘܢ ܚܕ ܗܘܐ ܘܠܣܓܝܐܐ ܕܢܣܒܪܘܢ ܘܠܕܘ̈ܟܐ
ܕܢܡܠܠܘܢ. ܘܒܪ̈ܬܐ ܕܡܫܟܚܢ ܠܗ ܡܚܘܐ. ܘܒܟܐܐ ܒܪܘܚܐ
ܘܡܗܠܟ ܥܠ ܝܡܐ. ܘܒ̈ܝܫܐ ܡܬܕܪܟܝܢ ܗܘܘ ܘܡܫܬܥܒܕܝܢ
ܠܐܠܗܐ. ܦܪ̈ܝܫܐ ܕܝܢ ܐܡܪܝܢ ܗܘܘ ܕܗܠܝܢ ܥܒ̈ܕܐ ܕܒܥܠܙܒܘܒ
ܐܢܘܢ. ܘܠܐ ܡܬܢܟܦܝܢ ܗܘܘ ܣܡܝ̈ܐ، ܕܚܙܝܢ ܕܥܒ̈ܕܐ ܕܐܠܗܐ
ܠܐܟܠ ܦܘܪܓܐ ܢܚܡܝܢ ܗܘܘ. ܘܡܛܠ ܗܕܐ ܦܪܘܩ ܗܘ، ܕܕܠܐ
ܣܦܩ ܒܪܘܚܐ ܐܝܬܘܗܝ، ܒܟܕܒܘܬܗܘܢ ܗܢܐ. * ܒܕܝܢܐ ܒܪ * 38 vº b
ܕܟܕ ܚܙܝܢ ܗܘܘ ܐܡܪܝܢ ܕܕܒܪ ܐܢܫܐ ܐܢܬ ܘܣܢܝܢܐ ܗܘܬ
ܬܪ̈ܥܝܬܗܘܢ. ܘܐܡܪܝܢ ܗܘܘ. ܠܐ ܗܘܐ ܗܢܘ ܒܪܗ ܕܢܓܪܐ.[1]

[1] *Mt.* 13, *55.*

ܘܐܡܪܝܢ ܗܢܐ ܣܦܪܐ ܟܕ ܠܐ ܝܠܦ [1]. ܘܡܠܦܢܐ ܐܝܬܝܐ ܒܟܝܢܗ ܡܛܠ ܢܚܙܝܟ [2]. ܘܢܚܘܬ ܗܫܐ ܡܢ ܙܩܝܦܐ ܘܢܗܝܡܢ ܒܗ [3]. ܡܦܫܩܢܐ ܗܘܐ ܠܗܘܢ ܐܝܟ ܕܒܪܗ ܕܐܢܫܐ ܫܠܝܛ ܗܘܘ. ܘܟܕ ܡܟܝܠ ܗܘܐ ܐܡܪ ܗܘܐ ܠܗܘܢ. ܐܠܐ ܐܫܬܘܕܥܘܬܗ ܐܝܠܝܢ ܕܕܝܢܐ ܐܢܬܝ [4]. ܘܠܘܬ ܗܢܐ ܦܘܪܣܐ. ܟܕ ܡܠܠܬ ܚܟܝܡ ܥܡܗ ܠܡܠܦܘܬܐ ܘܗܟܢ ܦܢܝ ܠܗ ܦܬܓܡܐ. ܐܝܟ ܒܪ ܐܢܫܐ ܥܒܘ ܠܗ ܡܪܢ. ܟܕ ܟܬܒܐ ܟܕ ܝܕܥ. ܘܡܬܬܪܐܬ ܐܫܬܘܕܥܘ ܗܘܝܘ ܦܘܫܩܐ. ܐܝܟ ܕܐܡܪܘܢ ܕܟܬ̈ܒܘܗܝ ܕܐܠܗܐ ܕܟܟܒܠܘܗܝ [5] ܐܫܬܘܕܥܘܢ. ܘܥܠ ܕܫܡܥܬ ܐܡܪܘܗ ܒܕܝܢܐ ܕܠܐ ܚܒܪ ܫܒܥ ܐܢܘܢ. ܥܒܕܐ ܗܘ ܠܗܘܢ ܚܢܢ ܕܢܚܙܘܢ ܘܕܢܐܡܪܘܢ. * ܟܕ ܫܡܥ [* 39 rº a] ܡܠܟܘܬܐ ܕܒܪ̈ܝܬܐ ܘܡܕܒܪܢܘܬܐ ܕܟܠܗܝܢ. ܕܡܢ ܟܠܗܘܢ ܐܬ̈ܐ ܠܗܘܢܐ. ܘܡܫܡܫܢܐ ܠܐܚܠܦܘܬܐ ܡܥܒܕܢܐ ܘܕܢܚ. ܘܟܘܟ̈ܒܐ ܡܢܗ ܡܬܒܪܝܢ ܒܪܡܫܐ. ܐܦ ܚܢܢ ܗܟܝܠ ܬܕܡܘܪܬܐ ܕܐܠܗܐ ܐܢܬܘܢ. ܘܗܟܝܠ ܚܙ̈ܘܐ ܕܐܒܐ ܐܢܘܢ. ܘܐܦ ܗܟܝܠ ܚܙ̈ܘܐ ܕܟܠܗܘܢ ܐܫܬܘܕܥܘ. ܐܠܝܨܐܝܬ ܘܗܟܝܠ ܬܕܡܘܪܬܐ ܕܟܠܗܘܢ ܐܢܬܘܢ ܐܝܟ ܡܠܬܟܘܢ [6]. ܘܐܡܪܐ ܐܫܬܘܕܥܘ ܠܗܘܢ ܗܟܝܠ ܗ̇ܝ ܕܒܪܫܝܬ ܒܪܐ ܐܠܗܐ ܫܡܝܐ ܘܐܪܥܐ [7].

ܘܠܐ ܢܒܪܐ ܠܗܘܢ ܗܕܪܐ ܫܘܒܚܬܐ. ܡܛܠ ܕܐܠܝܨܝܢ ܕܬܪܥܝܬܗܘܢ ܗܘܘ ܐܒܗ̈ܬܗܘܢ. ܟܕ ܡܕܡ ܠܒܪܐ ܢܦܩܘ ܗܘܘ ܡܢ ܡܨܪܝܢ ܥܒܕܘ ܠܗܘܢ ܥܓܠܐ. ܘܦܠܚܘܬܐ ܕܗ̈ܘܝܢ ܗ̇ܘ, ܡܢ ܠܘܬ ܐܠܗܐ ܠܗ ܢܩܦܝܢ ܗܘܘ ܟܕ ܐܡܪܝܢ. ܕܗܠܝܢ ܐܠܗܝ̈ܟܘܢ ܐܝܣܪܝܠ ܕܐܣܩܘܟ ܡܢ ܐܪܥܐ ܕܡܨܪܝܢ [8]. ܡܛܠ ܗܢܐ ܗܘܐ ܡܚܝܠ ܦܩܕ ܐܢܫܐ ܐܝܠܝܢ ܕܐܦܪܘܣ ܥܠ ܗܢܐ ܥܓܠܐ ܘܦܠܚܘ ܒܗ. ܘܐܡܪ ܬܘܒ ܐܠܗܐ. ܐܝܟܢܐ, ܕܐܒܗ̈ܬܐ ܐܢܘܢ ܐܢܬ, ܥܠܝܗܘܢ * ܫܠܛܢܗܘܢ [9]. ܟܕ ܚܙܐ ܗܘܐ ܡܛܠ ܠܫܒܐ ܘܡܚܝܢܐ [* 39 rº b] ܡܪܚܩܝܢ ܗܘܘ. ܡܦܫܩܢܐ ܗܘܐ ܠܗܘܢ ܐܝܟ ܕܐܢܐ ܕܡܪܚܡܢܘܬܐ ܕܡܦܫܩܢܐ ܠܒܪܗ̇. ܐܡܪܬ, ܕܝܢ ܕܬܬܪܐ ܡܫܬܒܚܝܢ ܗܘܘ. ܐܝܟ ܕܡܪܚܡܢܐ ܥܠܝܗܘܢ ܘܪܘܚܐ ܕܐܠܗܐ. ܕܢܠܦܘܢ ܐܢܦܘܗܝ

[1] *Jn.* 7, *15.* — [2] *Jn.* 6, *30.* — [3] *Mt.* 27, *42* ita et Pesh. — [4] *Lk.* 19, *42.* — [5] Lege : ܕܟܒܠܘܗܝ. — [6] Lege : ܡܠܬܗܘܢ. — [7] *Gen.* 1, *1.* — [8] *Ex.* 32, *4.* — [9] *Ex.* 32, *34.*

10 ܐܠܘܐ ܟܐ̇ܐ ܐܝܟ ܠܗܘܐ. ܘܡܢ ܕܝܢ ܐܝܟ ܚܝܐ * ܘܦܬܚ ܘܡܗ ܚܒܟܒܝ   * 39 vº a
ܚܒܟ ܝ ܕܐܝܟ ܠܟ ܕܐܪܐ ܟܐܪ ܐܝܟܐ. * ܟܒܣܚ ܟܣܝܚ ܒܟܒܡ ܟܠܝܗ.   * 39 vº b
¹ Ps. 106, 20 ita et Pesh. — ² Mt. 13, 54. — ³ Jn. 8, 57. — ⁴ Mt. 10, 25 ita et Pesh.

ܕܚܠ ܚܒ̈ܪܐ ܗܘܐܠܠܡ ܐܪ̈ܒܐ ܕܠ ܗܕ ـ.ܘ ܐܪ̈ܒܝܗ̈ ܩܡܬܐܕܗ ܘܗܦܛܠܡ
ܗܘܘ ܗܩܡ ܗܪ̈ܒܐ ܡ ܡ ܗܠܡ.ܕܚܬܐ * ܗܠܡ ܐܪܗܠܕܐ ܡܣܡ ܣܡܐ ܗܘܘ * 40 rᵒ a
ܕܠܗ̈ܠ ܡܙ̈ܪܝ. ܗܠܡ ܠܚܕ ܕ̈ܪܟ ܐܪܕܝ ܐܡ ـ ܐܝܪ ܗܠܡ ܠ ܘܒܠܕ.
ܕ̈ܦܟܕ ܘܐܪ̈ܟ ܚܬܐ̈ ܕ̈ܡ̈ܕ̈ܟܬܐ ܡܘܗܡ ܘܗ̈ܒܠܕ.ܐܠܡ ـ ܡ ܒܠ ܐܪܗܠܐ
ܓܚܚ ܗܘܘ ܡ̈ܪܕ ܘܗܕܚܠܕ̈ ܗܕ ـ ܡ ܚܕ̈ ܗܘܐ ܐܟܕ̈ܝ ܗܘܘ.

²⁰ ܐܠ.ܒܠܗ ܡ̈ܠܡ ܐܠ * ܐܟܡܠܠ̈ ܐ̈ܡܒܠܡ ܐܡ̈ܪ̈ܝ ܐܪ̈ܐ ܗ̈ܘ ܗܝܟ ܕ̈ܚ̈ܝ ܠ.ܐܠ * 40 rᵒ b
ܡܗ ـ ܕ̈ܡܗܝ̈ܚܡ ܗܘܐ ܦܠ̈ܬ̈ܟ̈ ܘܗܪ̈ܬ̈ܟ̈.ܘܚܒ̈ܪ̈ܘܚ̈ܣ̈
ܗܘܐ ܐܡ̈ܪܝ ܘܚܕܡܕ ܒܠ ـ ܗܝ ܡ̈ ܐܝܘ̈ܪ̈ܐ ܢ̈ܪ̈ܚܚ ܗܘܐ.ܐܠ ܡ̈ܚ̈ܒܣ̈ܚ̈ܝ
²⁵ ܐܪ̈ܪ̈ܐܠ ܠܟ̈ܪ̈ ܐܟ̈ܠܐ ܗܘܘ ܢܠ̈ܚ̈ܣ̈.ܘ̈ܚܕ̈ܚܚ̈ܚ̈ ܐܠܐ ـ ܐܝܪ̈ ܐܠ.ܗܘܐ
ܐܠ ܠܐܠܪܐ.ܐܟܪ̈ܝ̈ ܗܘܐ ܐܝܪ̈ܪ̈ܚ ܐ̈ܟ̈ ܒ̈ܟ ܐܪ̈ܝ̈ ـ ܗܝ̈ ܘ̈ܪ̈ܝ̈ ܗ̈ܝܘ̈ܪ̈ܚ̈ܝܘ̈ܪ̈ܐ
ܕ̈ܚܟܠܠ̈ܒܐܕ̈ ܒܓ̈ܦ̈ܝܘ̈ ـ ܐܠܐ ܐ̈ܟ̈ܪ̈ܝ̈, ܗ̈ ܗ̈ܠܡ ܗ̈ܝ ܚܒ̈ܚܕ̈.
ܐ̈ܪ̈ܠ ܐ̈ܪܝܗ ܡ̈ܪܐ ܐ̈ܪ̈ܠ̈ ⁴.ܕ̈ܒܠ̈ܗ̈ ـ ܗܘܐ ܗ̈ܝܘ̈ܦ̈ܝܘ̈ ܐ̈ܪ̈ܐ

---

¹ Mk. 3, 29-30. — ² Jn. 9, 32-33. — ³ Jn. 10, 21. — ⁴ Cf. Deut. 32, 17.

ܦܪܢܣܬܐ ܡܫܝܚܐ ܗܘܐ ܠܗ ܒܪ ܐܢܫܐ. ܠܘ ܠܐ ܡܢ ܥܒ̈ܕܘܗܝ، ܚܙܝܢ ܗܘܘ ܕܗ̇ܘ ܒܐܒܐ ܘܐܒܐ ܒܗ. ܐܠܐ ܠܐ ܙܕܩܝܢ ܗܘܘ ܒܗܕܐ. ܗ̇ܢܘܢ ܓܝܪ ܒܗܘܢ ܐܚܕܝܢ ܗܘܘ ܠܗ ܠܡܬܠܒܟܘ. ܘܗ̇ܘ ܡܛܠ ܗܘܐ * ܒܗܘܢ ܗܠܝܢ ܒܥ̈ܒܕܐ. ܕܐܝܟ ܕܡܢ ܥܒ̈ܕܐ * 40 vo a ܕܒܬܪ ܐܢܫܐ ܒܪܢܫܐ ܠܚܘܕ ܢܣܒܪܘܢ ܥܠ ܡܪܢ ܕܐܝܬܘܬܗ. ܕܐܝܟ ܕܡܢ ܥܒ̈ܕܐ ܕܝܢ ܕܐܠܗܐ ܠܐ ܗܘܐ ܕܐܠܗܐ ܐܝܬܘܬܗ، ܢܕ̇ܥܘܢ ܒܗ. ܐܠܐ ܕܡܬܠܒܟܘ ܗ̇ܘ ܕܒܗܘܢ ܐܝܬܘܬܗ، ܗܘܐ ܢܒܥܘܢ ܚܠܦܘܗܝ، ܐܠܗܐ. ܕܐܝܟ ܕܡܢ ܗܕܐ ܒܗܢ ܕܡܬܠܒܟܘ ܒܚܘܒܐ ܕܠܥܠܡ ܢܗܘܐ ܕܢܒܥܘܢ.

19 ܗܕܐ ܗܟܝܠ ܐܬܐܡܪܬ ܒܡܘܕܝܬܐ ܒܝܬܐ ܕܡܪܝܐ ܕܬܒܥܐ ܗܢܐ. ܘܚܘܫܒܐ ܕܬܗ̈ܝܘܗܝ ܒܥ̈ܒܕܐ ܠܘܬܗ ܡܫܬܡܠܝܢ. ܘܡܛܠܬܗ ܐܡܪ ܒܥ̈ܒܕܐ ܕܒܒܪܗ ܕܐܢܫܐ ܘܕܪܘܚܐ. ܕܡܢ ܗܢܐ ܚܣܝܢܐ ܦܪܢܣܬܗ. ܡܢ ܗ̇ܘ ܕܝܢ ܕܪܘܚܐ ܢܕ̇ܥ ܪܘܚܢܝܘܬܗ ܘܡܚܝܢܘܬܗ ܘܐܠܗܘܬܗ. ܗ̇ܘ ܓܝܪ ܕܡܫܒܚ ܢܗܒ ܫܘܒܚܐ ܥܠ ܐܝܬܘܬܗ ܗܟܢ. ܗ̇ܘ ܕܝܢ ܕܒܥ̈ܒܕܐ ܕܠܝܬ ܠܗ ܫܘܒܚܐ ܕܐܬܐܡܪ ܥܠ ܪܘܚܐ ܗ̇ܘ، ܐܝܟ ܕܗܕܐ ܘܐܩܕܒ ܐܠܗܘܬܗ. ܗܢܐ ܕܝܢ ܦܪܘܩܐ ܡܫܝܚܐ * ܐܦ ܒܐܘܢܓܠܝܘܢ ܕܝܘܚܢܢ. * 40 vo b ܟܕ ܡܡܠܠ ܗܘܐ ܡܛܠ ܡܫܬܘܬܐ ܕܦܓܪܗ. ܘܚܙܐ ܠܐܢ̈ܫܝܢ ܕܐܬܟܫܠܘ ܒܗܕܐ. ܘܐܡܪ ܠܗܘܢ ܡܪܢ. ܗܕܐ ܡܟܫܠܐ ܠܟܘܢ. ܐܢ ܬܚܙܘܢ ܠܒܪܗ ܕܐܢܫܐ ܕܣܠܩ ܠܐܬܪ ܕܐܝܬܘܗܝ، ܗܘܐ ܡܢ ܩܕܡ. ܪܘܚܐ ܗܝ ܕܡܚܝܐ. ܦܓܪܐ ܠܐ ܡܗܢܐ ܡܕܡ. ܡ̈ܠܐ ܕܐܢܐ ܡܠܠܬ ܥܡܟܘܢ ܪܘܚܐ ܐܢܝܢ ܘܚ̈ܝܐ.[1] ܘܗܪܟܐ ܕܝܢ ܬܪ̈ܬܝܗܝܢ ܡܛܠܬܗ ܐܡܪ ܗܘܐ ܦܓܪܐ ܘܪܘܚܐ. ܘܪܘܚܐ ܠܘܬ ܗ̇ܘ ܕܦܓܪܐ ܦܪܫ. ܕܠܐ ܒܠܚܘܕ ܡܢ ܗ̇ܝ، ܕܡܬܚܙܝܐ. ܐܠܐ ܐܦ ܡܢ ܗ̇ܝ، ܕܠܐ ܡܬܚܙܝܐ ܢܕ̇ܥܘܢ ܘܢܐܠܦܘܢ. ܕܐܝܠܝܢ ܕܐܡܪ ܠܝܬ ܐܢܝܢ ܦܓܪܢܝܬܐ ܐܠܐ ܪܘܚܢܝܬܐ. ܠܟܡܐ ܓܝܪ ܦܘܫ ܗܘܐ ܦܓܪܐ ܠܡܐܟܘܠܬܐ. ܕܐܦ ܠܥܠܡܐ ܟܠܗ ܢܣܦܩ ܠܡܐܟܘܠܬܐ. ܐܠܐ ܟܕ ܗܕܐ ܒܗܕ ܠܡܣܩܬܗ ܕܒܪܗ ܕܐܢܫܐ ܕܠܫܡܝܐ. ܕܢܦܫܘ ܐܢܘܢ ܡܢ ܬܪܥܝܬܐ

[1] *Jn.* 6, *61-63.*

ܦܪ̈ܝܫܘܬܐ. ܘܡܢ ܒܪܗ ܐܝܟ ܕܡܢ * ܠܥܠ ܘܡܢ ܫܡܝܐ ܘܪܘܚܐ * 41 rº a
ܢܐܠܦܘܢ ܕܡܬܝܗܒ ܡܢܗ ܦܘܪܫܢܗ. ܩ̈ܠܐ ܓܝܪ ܕܡ̈ܠܠܬ ܒܡܒܘܢ ܘܪܘܚܐ ܐܝܟ ܘܫܡܥܐ. ܗ̇ܘ ܓܝܪ ܕܡܬܝܠܕܐ ܘܡܬܝܗܒ ܠܗ ܫܠܛ ܫܘܒܩܗ، ܕܠܒܐ ܐܝܬܘܗܝ، ܒܥܘܕܪܐ ܗ̇ܘ ܦܪ̈ܝܫܐ.

20 ܡܛܠ ܗܢܐ ܐܦ ܒܪܗ ܕܐܢܫܐ ܐܡܪ ܗܘܐ ܕܡܬܓܠܛ ܗܘܐ. ܡܛܠ ܓܝܪ ܠܐ ܡܫܘܚܬܐ ܗܘ ܘܠܐ ܡܬܠܒܫܢܐ ܗܘ. ܘܗ̣ܘ ܚܕ ܒܐܝܬܘܬܗ. ܐܠܐ ܐܦܠܐ ܠܗܠܝܢ ܡܗܝܡܢܝܢ ܗܘܘ ܦܪ̈ܝܫܐ. ܘܐܦ ܠܐ ܒܐܝܠܝܢ ܕܚ̈ܙܝܢ ܗܘܘ ܒܥܝܢܘܗܝ ܢ̈ܝܫܝܢ ܗܘܘ ܕܢܒܥܘܢ. ܘܡܛܠ ܗܢܐ ܒܡܠܐܟܘܬ ܫܒܩ ܗܘܐ ܠܗܘܢ ܡܪܢ ܟܕ ܐܡܪ. ܐܢ ܐܢܐ ܒܒܥܠܙܒܘܒ ܡܦܩ ܐܢܐ ܕܝ̈ܘܐ. ܒ̈ܢܝܟܘܢ ܒܡܢܐ ܡܦܩܝܢ. ܘܡܛܠ ܗܢܐ ܗ̇ܢܘܢ ܢܗܘܘܢ ܠܟܘܢ ܕ̈ܝܢܐ. ܐܢ ܕܝܢ ܐܢܐ ܒܪܘܚܐ ܕܐܠܗܐ ܡܦܩ ܐܢܐ ܕܝ̈ܘܐ. ܡܛܝܬ ܠܗ̇ ܥܠܝܟܘܢ ܡܠܟܘܬܗ ܕܐܠܗܐ[1]. ܘܗܕܐ ܕܐܡܪ ܗܘܐ ܕܒܪܘܚܐ. ܠܐ ܗܘܐ ܐܝܟ ܕܗܕܐ ܒܪܢܫ ܡܢ ܪܘܚܐ * ܕܒܗ̇ * 41 rº b
ܥ̇ܒܕ ܗܘܐ. ܐܠܐ ܕܬܘܒ ܢܫܘܐ ܕܗ̣ܘ ܐܝܬܘܗܝ، ܚܠܬܐ[2] ܕܐܝܬܘܗܝ، ܐܠܗܐ. ܘܗ̣ܘ ܒܗ ܪܘܚܐ ܡܥܒܕ ܒܟܠ. ܘܕܢܠܦ ܠܗܠܝܢ ܕܡܓܕܦܝܢ ܕܐܝܟ ܒܗܕܐ ܕܥܒܕܐ ܕܪܘܚܐ ܡܫܟܝܢ ܠܒܥܠܙܒܘܒ. ܗܢܘܢ ܓܕܦܝܢ ܒܗܘܢܗܘܢ ܕܪܘܚܐ. ܟܕ ܗܕܐ ܐܡܪܝܢ ܘܡܫܘܐ ܕܠܘ ܒܕ ܠܐ ܢܟܝܢ. ܐܠܐ ܒܕ ܢܟܝܢ ܚܘܒܘ ܠܘܬ ܗܢܐ ܒܥܘܕܪܐ ܘܓܠܝܐ ܒܗ. ܘܠܐ ܡܬܢܟܦܝܢ ܘܟܕ ܢܟܝܢ ܗܘܘ ܕܗܠܝܢ ܥ̈ܒܕܐ ܐܠܗܝ̈ܐ ܕܐܠܗܐ. ܠܒܥܠܙܒܘܒ ܢܣܒܝܢ ܗܘܘ ܠܗܘܢ ܕܝ̈ܘܐ. ܘܡܢ ܪܘܚܐ ܠܒܐܝܐ ܐܡܪܝܢ ܗܘܘ ܕܗ̇ܢܘܢ ܗܠܝܢ.

21 ܐܝܠܝܢ ܗܟܝܠ ܕܒܗܠܝܢ ܡܬܚܫܒܝܢ. ܐܢܫܝܢ ܡܢܝܢ ܕܢܬܠܘܢ ܠܫ̈ܘܦܐ ܕܥܒܕܝܢ ܦܠܓܘܬܐ ܘܫܥܒܕܗܘܢ ܠܗܘܢ ܐܠܗ̈ܐ. ܒܦܘܡܐ ܓܝܪ ܐܬܠܓܥܘ ܐܝܟ ܗ̇ܢܘܢ. ܘܡܟܪ ܬܘܪ ܡܫܝܚܘܗܝ ܗܘܘ ܒܡܫܝܚܘܬܐ. ܘܟܕ ܦܠܘ ܒܡܘܬܐ. ܟܕ ܚܪ ܒܡܘܬܐ ܠܐܠܗܐ ܢ̈ܟܪܘ. ܡܢܐ ܕܝܢ ܒܕ ܒܗܠܝܢ ܥ̈ܒܕܝܢ ܒܒܟܪܘ. ܡܢܐ ܕܦܠܓ * ܒܐܫܥܝܐ ܢܒܝܐ ܘܓܕܦܝܢ ܡܢܗ. ܕܗܠܝܢ * 41 vº a
ܐܬܩܢܬܐ ܐܝܟ ܕܡܐܝܬܘܬܗ ܕܡܫܝܚܐ. ܚܙܬܐ ܕܩܕܡܝܐ.

[1] *Lk.* 11, *19*-20. — [2] Lege : ܡܠܬܐ.

ܐܠܟܐ ܒ̈ܝܚ * ܚܚܖܕܝܡ. ܚܡ ܚܕ ܗܠܡ ܐܚܚܘܝ. ܘܚ̈ܐܚ̈ܚܢ * 41 vº b

25 ܚ̈ܚܐܝ ܚܚܘܣܗܡ ܚ ܚ̈ܚܚܚܘ ܚܚ̈ܚܝ ܥ̈ܝܖ. * ܚܖ̈ܐܝܐ. ܚܝܗ ܚ̈ * 42 rº a

¹ Ex. 4, 11. — ² Gen. 1, 1. — ³ Gen. 1, 27. — ⁴ Dan. 14, 5. — ⁵ Lege:
ܚܚܒܚ. — ⁶ Lege: ܚ̈ܐܝܐ.

22 ܡܬܬܚܝܒ ܗܘܐ ܠܗܘܢ ܕܝܢ ܠܒܢܝ̈ܢܫܐ ܕܠܐ ܗܘܐ ܡܢ ܦܪܝܫܘܬܐ ܢܬܪܘܚܩܘܢ، ܠܒܪ. ܐܠܐ ܡܢ ܥܒ̈ܕܘܗܝ، ܢܬܕܘܢ ܒܗ ܕܒܫܪܪܐ ܐܝܬܘܗܝ، ܐܠܗܐ. ܒܟܠ ܡܕܡ ܗܟܝܠ ܗܦܟܐܝܬ ܣܓܕܝܢ ܗܘܘ. ܘܟܕ ܚܙܝܢ ܗܘܘ ܠܗ ܐܝܟ ܒܪ ܐܢܫܐ. ܒܪܢܫܐ ܐܡܪܝܢ ܗܘܘ ܥܠܘܗܝ، ܕܐܝܬܘܗܝ،. ܘܟܕ ܚܙܝܢ ܗܘܘ ܥܒ̈ܕܐ ܕܐܠܗܐ. ܟܦܪܝܢ ܗܘܘ ܒܐܠܗܘܬܗ ܘܪܗܛܝܢ ܗܘܘ ܠܘܬ ܐܟܠ ܩܪܨܐ. ܘܣܓܕܝܢ ܗܘܘ ܐܝܠܝܢ ܕܗܠܝܢ ܡܓܕܦܝܢ ܗܘܘ. ܕܡܓܕܦܝܢ ܠܡܓܕܦܘ ܕܠܐ ܢܬܬܚܝܒܘܢ ܡܢ ܡܠܬܐ ܐܠܗܐ ܕܡܬܓܠܐ ܗܘܐ ܡܢܗܘܢ. ܣܥܪ̈ܐ ܗܟܝܠ ܕܦܪܘܩܢ * ܒܗ ܕܒܓܘܫ̈ܦܬܐ ܐܬܓܫܘ * 42 rº b
ܡܢ ܡܪܝܡ. ܘܒܗ ܐܬܘ̈ܬܐ ܕܗ̈ܘܝ ܗܘܝ، ܟܕ ܡܚܝܐ. ܐܪܓܫܘ ܐܫ̈ܕܐ ܘܐܡܦܚܘ ܫܪܝܐ ܟܕ ܐܡܪܝܢ. ܕܒܨܒܥܐ ܗܘ ܕܐܠܗܐ ܕܥܒܕ ܗܠܝܢ[1]. ܦܪ̈ܝܫܐ ܕܝܢ ܘܣܦܪ̈ܐ ܟܕ ܚܙܝܢ ܗܘܘ ܕܒܟܠܗ ܐܦܐ ܕܐܠܗܐ ܥܒ̈ܕܐ ܐܬܘ̈ܬܐ ܕܙܪ̈ܘܝܢ ܘܕܡܬ̈ܢ. ܘܚܣܡܝܢ ܗܘܘ ܕܢܬܬܓܒܝ ܡܢ ܦܘܡܗ. ܒܒܥܠܙܒܘܒ ܐܡܪܝܢ ܗܘܘ ܕܡܦܩ ܗܠܝܢ[2].

ܡܛܠ ܗܟܝܠ ܬܬܪܘܬ ܥܫܝܢܘܬܗܘܢ ܕܗܠܝܢ. ܐܘ ܡ̇ܢ ܗܘ ܐܝܟ ܕܐܡܪ ܢܒܝܐ. ܕܢܕܡܐ ܕܢܫܘܬܐ ܠܥܘܫܩܗܘܢ ܕܗܠܝܢ[3]. ܙܕܩ[4] ܓܝܪ ܐܝܟ ܕܡܢܗܘܢ ܠܩܘܕܡܝܐ ܘܠܬܢܝܢܐ. ܘܬܘܒ ܥܠܐ ܕܚܠܘܬܗܘܢ ܐܦ ܠܫܢܝܐ. ܘܟܕ ܠܚܣܝܪܘܬ ܪܚܝܩܐ ܕܣܥܪ̈ܐ ܕܦܪܘܩܢ. ܘܠܫܘܥ ܥܡܘܬܐ ܐܝܬ ܠܗܘܢ ܠܘܬ ܐܪܥܐ. ܘܒܗ ܒܪܘܫܥܐ ܢܦܠܘ ܬܪ̈ܝܗܘܢ ܥ̈ܡܡܐ. ܡܫܘܕܥܐ ܓܝܪ ܟܕ ܚܙܐ ܥܒ̈ܕܐ ܕܐܒܐ ܕܥܒܕ ܟܕ ܒܪܐ ܢܗܘܝܢ ܠܗܘܢ ܠܒܥܠܙܒܘܒ. ܐܪ̈ܟܘܢܐ ܕܝܢ ܟܕ ܚܙܝܢ ܠܗܘܢ ܠܥܒ̈ܕܐ. * ܚܣܡܝܢ ܠܗ ܠܡܪܢܐ ܕܗܠܝܢ * 42 vº a
ܥܒܕ ܗܘܐ ܥܡ ܒܪ̈ܢܫܐ. ܘܐܡܪܝܢ. ܐܝܬ ܗܘܐ ܐܢܫܐ ܐܝܬܘܗܝ، ܕܠܐ ܐܝܬܘܗܝ، ܗܘܐ. ܘܡܕܡ ܕܢܗܘܐ ܠܐ ܐܝܬܘܗܝ، ܗܘܐ. ܘܦܪܫܐ ܟܕ ܚܙܝܢ ܗܘܘ ܠܒܪ ܒܦܓܪ. ܡܬܚܠܝܢ ܗܘܘ ܟܕ ܐܡܪܝܢ. ܕܠܡܢ ܟܕ ܒܪ ܐܢܫܐ ܐܝܬܝܟ ܥܒܕܬ ܢܦܫܟ ܐܠܗܐ[5]. ܘܗܠܝܢ ܡܬܬܟܬܫ ܥܡ ܡܫܝܚܐ ܟܕ ܚܙܝܢ ܗܘܘ ܠܗ ܕܥܒܕ ܘܕܒܢ ܐܡܪܝܢ ܗܘܘ. ܕܐܝܟܢܐ ܕܗܠܝܢ ܫܪܝܪܐ ܠܐ ܡܕܡ ܕܢܗܘܐ ܐܠܗܐ ܒܪ ܒܢܝܗ

[1] Cf. *Ex.* 8, *19*. — [2] Cf. *Mt.* 12, *24*; *Lk.* 11, *15*. — [3] Cf. *Lam.* 2, 13. — [4] Lege : ܙܕܩܘ. — [5] *Jn.* 10, *33*.

ܕܐܒܐ. ܘܐܦ ܐܝܟ ܢܟܝܠ ܟܠܗܝܢ. ܡܫܟܚ ܠܗܘܢ ܕܟܝܢ. ܒܡܡܠܐ ܕܣܘܦܪܘܬ ܪܚܝܩܐ ܢܟܠܘ.

23 ܘܡܛܠ ܗܕܐ ܕܕܠܐ ܡܦܩ ܒܪܘܚܐ ܗܘ، ܡܪܢ ܕܐܠܗܘܬܗ، ܕܒܪܐ ܕܗܘܝܘ ܘܕܗܠܝܢ ܒܗ ܐܡܪ. ܕܐܝܢܐ ܕܐܢܫܐ ܕܢܐܡܪ ܡܠܬܐ ܥܠ ܒܪܗ ܕܐܢܫܐ ܕܡܫܬܒܩܐ. ܠܐ ܢܫܬܒܩ ܠܗ ܠܐ ܒܥܠܡܐ ܗܢܐ ܘܠܐ ܒܥܠܡܐ ܕܥܬܝܕ.[1] ܘܐܡܪ ܐܢܫܐ ܕܒܪܐ ܗܦܟ. ܐܢܫܘ ܕܡܬܚܫܒ ܡܬܓܠܝܐ ܕܝܗܘܐ ܠܗ * ܫܘܒܩܢܐ ܡܕܡ. * 42 vº b ܒܐܝܠܝܢ ܕܝܢ ܣܟܠܐ ܐܘ ܢܟܣܐ ܡܦܩܕ ܕܢܗܘܐ. ܐܢܫܐ ܕܢܫܘ ܠܗܘ ܕܐܡܪ. ܕܐܢܐ ܐܢܐ ܚܝܐ.[2] ܘܬܘ ܠܘܬܝ، ܥܡܠܝ، ܘܡܫܩܠܐ ܡܘܩܪܬܐ ܘܐܢܐ ܐܢܝܚܟܘܢ.[3] ܒܗ ܗܟܝܠ ܗܠܝܢ ܗܢܝܢ ܡܦܠܝܢ ܕܒܪܐ. ܐܠܗܘܬܐ ܗܝ، ܕܐܝܠܝܢ ܕܦܠܓܝܢ ܠܡܫܝܚܐ ܘܦܪܫܝܢ ܠܒܪܢܫܗ ܘܠܦܓܪܗ. ܘܠܐ ܝܕܥܝܢ ܠܗܘܢ ܕܐܠܗܘܬܗ، ܒܪܗ ܕܐܠܗܐ. ܘܠܐ ܚܙܝܢ ܒܗ ܕܗܘܐ ܒܪܢܫܐ. ܐܠܐ ܡܗܡܝܢ ܕܒܪܢܫܬ ܡܠܬܐ ܐܝܬܘܗܝ، ܗܘܐ.[4] ܘܡܠܬܐ ܒܣܪܐ ܗܘܐ ܘܐܓܢ ܒܢ.[5] ܡܡܠܠܝܢ ܠܟܠܗ ܐܝܟ ܡܐܠܦܢܘܬܗ، ܡܘܕܥܝܢ ܕܠܗ ܕܡܪܢ ܦܪܘܩ ܕܐܡܪ. ܢܐܙܠܘܢ ܗܠܝܢ ܠܕܝܢܐ ܕܠܥܠܡ. ܘܙܕܝܩܐ ܠܚܝܐ ܕܠܥܠܡ.[6]

ܗܠܝܢ ܒܟܪܝܬܐ ܡܢ ܡܢܐ ܕܢܦܩܬ ܚܬܟܬ. ܐܝܬ ܕܝܢ ܠܗ ܐܝܟ ܕܠܦܢܐ ܡܫܡܠܝܐ ܐܠܐ ܐܝܟ ܐܦܬܐ ܦܬܠ ܡܢܝ. ܘܡܢ ܒܬܘ ܠܬܪܥܬܐ ܡܚܫܒܬܐ ܡܢ ܐܘܟܠܐ ܘܡܢ ܡܬܓܪܐ ܗܢ. ܘܫܝܢ ܒܢܐ ܕܫܪܪܐ. ܘܒܗ ܡܢܬܐ ܐܝܬ * ܗܠܝܢ ܢܐܡܪܘܢ * 43 rº a ܐܠܝܢ ܕܐܡܪܝܢ. ܕܡܐܬܐ ܐܬܬܐ ܒܝܘܬܐ ܐܢܫܐ ܕܙܪܥܝܢ ܒܟܐܐ[7] ܒܡܫܝܚܐ ܢܗܘܐ ܡܪܢ. ܗܘ ܕܠܗ ܥܡ ܐܒܘܗ، ܘܪܘܚܐ ܕܩܘܕܫܐ ܬܫܒܘܚܬܐ ܠܥܠܡ ܥܠܡܝܢ. ܐܡܝܢ.

ܫܠܡ ܡܐܡܪܐ ܕܩܕܝܫܐ ܐܬܢܣܝܘܣ ܕܐܠܟܣܢܕܪܝܐ.

[1] *Mt.* 12, *32*. — [2] *Jn.* 14, *6*. — [3] *Mt.* 11, 28. — [4] *Jn.* 1, 1. — [5] *Jn.* 1, *14* ita et Pesh. — [6] *Mt.* 25, *46*. — [7] *Ps.* 125, *6*.

ܬܘܒ ܐܓܪܬܐ ܕܩܕܝܫܐ ܐܬܢܣܝܘܣ ܠܘܬ ܐܦܝܣܩܘܦܐ ܕܐܦܪܝܩܐ

1 ܣܦܩܝܢ ܡܢ ܗܠܝܢ ܕܐܬܟܬܒ ܡܢ ܚܒܝܒܐ ܘܒܪ ܬܫܡܫܬܢ ܕܡܣܘܣ ܐܦܝܣܩܘܦܐ ܕܪܗܘܡܐ ܪܒܬܐ. ܘܥܡ ܟܠܗܘܢ ܗܠܝܢ ܐܦܝܣܩܘܦܐ ܕܐܬܟܢܫܘ ܥܡܗ. ܠܐ ܕܝܢ ܡܕܡ ܚܣܝܪ ܣܦܩ ܘܣܘܢܗܕܘ ܗܠܝܢ ܕܗܘ̈ܝ، ܒܓܐܠܝܐ ܘܒܐܝܛܠܝܐ ܡܛܠ ܗܝܡܢܘܬܐ ܚܠܝܡܬܐ. ܗ̇ܝ ܕܡܪܢܐ ܡܢ ܚܒܫܗ̇ [1] ܫܠܝܚ̈ܐ ܕܝܢ ܐܟܪܙܘ. ܘܐܒ̈ܗܬܐ ܐܫܠܡܘ ܟܕ ܐܬܟܢܫܘ ܒܢܝܩܝܐ ܡܢ ܟܠܗ̇ ܬܒܝܠ ܕܝܠܢ. ܟܠܗ̇ ܓܝܪ ܗܕܐ ܣܦܘܕܬܐ ܗܘܬ ܗܘܝܐ ܡܛܠ ܗܪܣܝܣ ܐܪܝܘܣܝܬܐ. ܐܝܟܢܐ ܕܗܠܝܢ ܡܢ ܕܢܦܠܘ ܒܗ̇، ܢܬܬܦܢܘܢ. * ܡܬܚܫܒܝܢܗ̇ ܕܝܢ * 43 rº b ܡܪ̈ܬܚܐ ܢܗܘܘܢ. ܠܗܕܐ ܗܟܝܠ ܡܢ ܩܕܡ ܟܠ ܟܠܗ̇ ܬܒܝܠ ܥܠܡܬ. ܘܗܫܐ ܕܝܢ ܟܕ ܣܘܢܗܕܘ ܡܦܠܐܬܐ ܗܘ̈ܝ. ܘܐܬܒܥܘ ܟܠܗܘܢ ܗܠܝܢ ܕܒܕܠܡܛܝܐ ܘܕܕܪܕܢܝܐ ܘܕܡܩܕܘܢܝܐ. ܘܐܦܝܪܘܣ ܕܝܢ ܘܐܟܐܝܐ ܘܩܪ̈ܛܐ [2] ܘܐܚܪ̈ܢܝܬܐ ܓܙܪ̈ܬܐ ܘܣܩܠܝܐ ܘܩܘܦܪܘܣ. ܘܦܡܦܘܠܝܐ ܘܠܘܩܝܐ ܘܐܝܣܘܪܝܐ ܘܟܠܗ̇ ܐܓܘܦܛܘܣ ܘܠܒܐܘܗܘܢ[3]. ܘܣܘܓܐܐ ܕܗܠܝܢ ܕܒܐܪ̈ܒܝܐ ܠܗܕܐ ܐܫܬܘܕܝܘ ܒܗ. ܐܬܕܡܪܘ ܗܟܝܠ ܒܗܠܝܢ ܕܐܪܓܫܘ ܐܢܫܐ. ܕܐܦ ܐܢܫ ܡܢܗܘܢ ܡܫܬܪܪ ܗܘܐ ܡܢ ܡܪܥܝܬܐ ܕܡܢ ܒܢܝܐ ܕܐܪ̈ܝܘܣ ܡܥܠ ܗܘܬ. ܐܘܟܣܢܛܝܘܣ ܐܡܪ ܐܢܫܐ ܘܐܘܪܣܩܝܘܣ ܘܘܠܝܢܣ ܘܗܢܘܢ ܕܗܠܝܢ ܕܥܡܗܘܢ ܡܬܪܦܝܢ. ܗܠܝܢ ܟܕ ܒܠܚܘܕܝܬܐ ܐܬܚܦܛܘ ܘܐܬܠܚܡܘ. ܣܦܩܝܢ ܗܟܝܠ ܗܠܝܢ ܕܒܢܝܩܝܐ ܐܬܟܢܫܘ، ܘܡܫܬܟܚܝܢ ܐܝܟܢܐ ܕܦܩܕܡ ܐܡܪܢܢ. ܠܘܬ ܗܦܘܟܝܐ ܕܟܠܗܘܢ ܗܪ̈ܣܝܣ ܙܥܝ̈ܪܬܐ. ܘܠܘܬ ܗܪܣܝܬܐ ܘܡܘܬܪܢܐ ܕܡܠܦܢܘܬܐ * ܒܕܝܬܐ. * 43 vº a

ܡܛܠ ܕܝܢ ܕܫܡܥܢ ܕܐܢܫܝܢ ܟܕ ܨܒܝܢ ܕܢܬܚܫܒܘܢ ܠܘܬܗ̇. ܦܩܕ ܕܢܫܡܗܘܢ ܣܘܢܗܕܘܣ ܡܕܡ ܕܐܝܟ ܕܒܐܪܝܡܝܢܘܣ ܗܘܬ.

[1] *Sic*! Lege : ܝܗܒܗ̇. — [2] *Sic*! Lege : ܩܪܛܐ. — [3] Lege : ܠܒ̈ܐܘܗܘܢ

* 43 vᵒ b ܕܗܘܘ، _ ܗܘܐ ܡܟܝܙܚܝ ܘܙܩܪ̈ܝܒ ܕ ـ ـ
ܘܕܐܡܛܠ ܗܘܐ ܘܚܬܝ ܦܚܟ ܒ _ ܡܓ̇ܗ. ܟܐ ܗܘ ܚܠ ـ ܗܘ ـ ܕܝܐܪܟ
ܡܠܝ ܚܡܐ ܗܡܟܘܒܐ ܚܒܒܝ̇ܗ. ܚܕ ܝܒܘ̈ܟܐ ܘܟܚ ـ ܕܟܚܟܘܣܠܦܝ
ܟܚܕܠ ܣܐܪܐ ܚܕܚܝ̈ܟ. ܘܗܡܠܝ ܓܝ ـ ܗܡ ܡܠܝ ܡܪ̈ܚܩܐܗ ܚܝ ــ ܙ _

25 ܡܠܝ ܕܝ ܡܢ ـ ܗܡ ܡܠܝ ܘܕܗܝ̈ܟ ܟܚܟܣܠܦܝ ـ ـ ܟܚܝܣܘܣܦܝ. ܘܡ̇ܕܫ ܠܚ
* 44 rᵒ a ܐܬܟܐܘܝ ܚܕ ـ ܒܚܕܐܟܐ ܠܟܠܐ ـ ـ ܚܬܚܝ ـ ـ ܘܠܝܢܦܝ. * ܚܕ. ܕܚܐܢܡ ـ ـ ـ
ܘܐܠܐ ܢܙܚܝ. ܘܗܕܠ ܗܝܒܚܐܟܐܙ ܐܐܟܕ. ܘܬܚܕܟܐ ܠܐ ـ ـ ܟ ـ ـ ܝܚܟܕ
ܟܠ ـ ـ ܓܡܐ [3]. ܚܠܐ ܕܝ ܡ ـ ܗ̇، ܘܐ ـ ـ ܟ ـ ܗ̇. ܕܗܘܬܐ ܚܘܩܡܣܘܐ ܐ ـ ـ ܟܐܠܚܟܐ
ܘܚܝܣܐܐ ܚܕܚܕ ـ ـ ـ ـ ܐ ܚܝܢ ـ ـ ܟ ـ ܟ ܟܠܗ. ܚܕܐܪܬ ـ ـ ـ ܟܚܐܠ ܠܚ ܟ ـ ـ

---

[1] Prov. 22, 28. — [2] Ex. 21, 17. — [3] Mt. 15, 13.

ܐܝܟ ܢܦܫܗ. ܡܚܣܢܐ ܐܠܗܘܬܗ، ܗܘ ܕܒܝܫܐ ܡܢ ܗܠܝܢ ܕܒܚܝܠܬܐ ܒܚܝܠܬܐ. ܒܡܠܐ ܕܗܦܟ ܒܥܠܬܐ ܡܢ ܒܚܝܠܬܐ. ܐܦ ܕܝܢ ܚܝܒܐ ܐܝܟ ܕܐܢܫ ܒܠܬܐ ܗܘ، [1] ܕܒܝܫܐ. ܘܕܒܗܠܝܢ ܡܫܝܚܘܬܗ ܐܝܠܝܢ ܕܒܬܪ ܗܕܐ ܡܢ ܗܘܝܘ ܗܘ. ܠܗ، ܡܢ ܕܒܝܫܐ ܡܫܒܚܝܢ ܕܒܠܬܐ ܕܦܐܐ ܠܡܠܬܐ ܐܝܬ ܠܗ. ܠܗܠܝܢ ܕܝܢ ܐܚܪܢܝܬܐ ܕܡܛܠ ܗܢܐܝܬ ܘܚܪܢܐ ܕܡܢ ܡܬܩܢܐ ܐܬܟܢܫܘ. ܗܕܐ ܡܢ ܒܪ ܡܛܠ ܗܪܣܝܣ ܐܪܝܢܘܬܐ ܘܡܛܠ ܦܪܝܫܐ ܐܬܟܢܫܬ. ܡܛܠ ܗܠܝܢ ܕܒܣܘܪܐ ܘܫܠܡܝܢܐ ܘܟܢܫܬ ܢܗܪܝܢ ܦܠܝܓܝܢ ܗܘܘ ܠܘܬܗܘܢ. ܘܒܢܝܢܐ ܗܘ ܕܒܪܝܢ ܒܗ ܡܗܘܕܝܢܐ ܒܪܕܝܢ ܗܘܘ ܐܦ ܗܢܘܢ. ܐܠܐ ܦܠܓܘ ܠܐܠܗܐ ܕܐܡܒܝܢܐ ܕܡܛܠ ܡܗܝܡܢܘܬܐ * ܗܘܬ * 44 r° b
ܥܠܡܘܬܐ. ܗܒܝܢܐ ܘܡܛܠ ܒܐܕܪܐ. ܘܗܕܐ ܗܘܬ ܒܠܬܐ ܕܗܝܡܢܘܗ ܕܢܝܫܐ. ܗܠܝܢ ܕܝܢ ܕܒܬܪ ܗܕܐ ܚܠܦ ܐܪܝܘܣ ܡܢ ܗܘܝܘ. ܠܘܩܒܠ ܕܝܢ ܗܘܝܘܣ ܬܐܒܠܥܬܐ.

3 ܒܪ ܕܝܢ ܗܠܝܢ ܗܒܝܢܐ ܐܝܬ ܠܗܝܢ. ܡܢ ܗܘ ܢܦܠ ܠܗܘܢ ܕܠܗ، ܕܒܐܪܡܢܝܘܬܐ ܐܘ ܠܐܣܘܬܐ ܗܝܡܢܘܬܐ ܡܫܚܠܦܝܢ. ܐܘ ܡܒܝܢ ܠܐ ܢܒܥܐ ܠܗܘܢ ܕܠܘܚܡ ܡܢ ܗܠܝܢ ܕܐܒܗܬܐ. ܠܗܠܝܢ ܕܝܢ ܕܠܝܠܡ ܕܒܐܪܡܝܢܘܣ ܕܒܝܣܘܬܐ ܘܒܡܦܬܪܐ ܐܬܬܗܝܡ ܡܫܦܢܝܢ. ܡܒܝܢ ܕܝܢ ܕܚܝܒܐ ܕܢܬܟܪܝ ܒܗ ܗܠܝܢ ܐܢܫܐ [2] ܕܐܦ ܠܐ ܠܗܠܝܢ ܕܠܗܘܢ ܡܦܠܝܢ. ܗܠܝܢ ܒܪ ܕܒܗܝܡܢܘܬܗ ܕܠܗܘܢ ܒܗܢ ܒܕܘܟ ܐܘ ܡܬܪ ܐܡܒܝܢܐ ܕܦܕܡ ܐܚܪܢܝܢ. ܐܚܪܢܝܬܐ ܘܐܚܪܢܝܬܐ ܒܬܒܝܢ ܗܘܘ. ܕܒܠܐ ܐܬܬܗܝܡܘܢ ܕܒܒܠ ܚܕܐ ܡܢܗܘܢ ܡܦܬܓܡܢܐ ܕܢܩܫܘܢ ܗܘܝ. ܗܕܐ ܕܝܢ ܚܕ ܟܕܐ ܠܗܘܢ ܐܢܕܐ ܕܐܦ ܗܠܕܝܢ ܠܡܘܕܝܐ ܡܩܒܠܢܢܐ ܒܕܝܬ. ܐܒܝܢܐ ܒܪ ܕܗܢܘܢ ܒܪ ܥܒܕܘ ܠܗ، * ܚܕܐ ܚܒܝܫܬܐ ܕܚܝܬܐ * 44 v° a
ܫܬܐ. ܫܒܩܘ ܠܗܘܢ ܒܒܪܟܐ ܐܝܠܝܢ ܕܠܐ ܟܝܢܝܢ ܕܢܐܚܕܘܢ ܡܝܐ. [3] ܗܒܝܢܐ ܒܪ ܒܠܝܒ ܒܐܪܡܝܢܐ ܢܒܥܐ. ܗܒܝܢܐ ܗܠܝܢ ܒܪ ܒܬܒܬܝܢ ܒܢ ܗܘܝܘܣ ܬܐܟܠܬܐ. ܫܒܩܘ ܠܗܘܢ ܗܘܝܘܣ ܦܘܚܣܢܐ ܘܒܠܗܘܢ ܗܪܣܝܣ ܠܬܗܘܢ. ܒܪ ܐܝܟ ܒܦܐ ܕܠܒܬ ܒܗ ܚܝܠܐ ܐܬܚܝܘ. ܠܐ ܗܒܠ ܢܬܦܫ ܠܐܝܠܝܢ ܕܡܫܒܚܝܢ

[1] Lege : ܕܗܘ. — [2] Lege : ܐܢܫܐ. — [3] *Jer. 2, 13.*

ܕܟܣܡܝܟܐ ܒܢܗܚܗ. ܘܚܕ. * ܐܟܬܬܒܟܗܕ ܕܘܣܐܟܗ ܠܡܝܣܐ * 44 vᵒ b
ܟܗܘܩܒܐ. * ܚܕ. ܐܟܪܗܘܝ ܕܠܟ ܟܕܗܪܡ ܢܚܡ ܟܒܢܐ ܕܗ ܡܠܡ * 45 rᵒ a
¹ Lege : ܐܟܐܟܒܝܐ. — ² Lege : ܐܟܒܚܝܒ,.

ܠܐ ܒܪ ܗܘܝܬ ܡܬܪܣܝܢܘܬ ܕܠܗܘܢ ܐܬܒܢܝܘ. ܐܠܐ ܘܐܘܕܝܘ ܕܡܢ ܐܘܣܝܐ ܕܐܒܐ ܘܕܒܪܐ ܐܝܬܘܗܝ، ܪܘܚܐ ܩܕܝܫܐ. ܗܠܝܢ ܕܝܢ ܘܚܕ ܚܕܐ ܕܝܢ ܘܬܪ̈ܬܝܢ ܘܬܠܬ ܗܘܝܬ ܡܬܪܣܝܢܘܬ ܕܠܗܘܢ ܒܗ̇ ܒܐܪܡܝܘܬܗ. ܐܩܢܘܡܝܗ ܕܒܬܠܬܗܘܢ ܕܠܐ ܙܕܩ ܕܢܐܡܪ ܕܐܘܣܝܐ ܐܘ ܩܢܘܡܐ ܐܝܬ ܠܐܠܗܐ. ܡܢ ܗܠܝܢ ܕܝܢ ܐܢ̈ܫܐ ܥܠܝܗ̇ * ܠܡܫܝܚܐ ܕܗܠܝܢ ܡ̣ܢ ܕܒܢܝܩܝܐ ܗܠܝܢ ܕܬܠ̈ܬܐ ܩܢܘܡܝܢ. * 45 rº b ܒܪ ܗ̣ܘ ܐܠܗܐ ܡ̣ܢ ܐܡ̇ܪ ܒܡܦܩܢܐ. ܕܐܢܐ ܐܢܐ ܗ̇ܘ ܕܐܝܬܘܗܝ [1]. ܒܝܕ ܐܪܡܝܐ ܕܝܢ. ܡ̣ܢ ܗܘ ܩܡ ܒܩܘܝܡܗ ܘܚܙܐ ܡܠܬܗ [2]. ܘܒܬܪ ܩܠܝܠ. ܘܐܠܘ ܩܡܘ ܒܩܘܝܡܝ ܘܐܠܘ ܫܡܥܘ ܡ̈ܠܝ [3]. ܘܐܢ ܩܘܡܐ ܐܘܣܝܐ ܐܝܬܘܗܝ، ܘܫܘܘܕܥܐ ܕܡܕܡ ܐܚܪܢܐ ܠܝܬ ܠܗ ܐܠܐ ܗ̇ܘ ܕܐܝܬܘܗܝ. ܗ̇، ܕܐܪܡܝܐ ܢܬܐ ܡܫܡܥܗ ܒܪ ܐܢܫܐ. ܕܠܐ ܫܡܥܘ ܒܩܠܐ ܕܩܢܝܢ [4]. ܩܘܡܐ ܕܝܢ ܒܬܪ ܘܐܘܣܝܐ ܢܬܐ ܐܝܬܘܗܝ. ܐܝܬܘܗܝ، ܒܬܪ ܘܐܬܐ ܗܘ. ܒܪ ܗܠܝܢ ܡܫܬܐܠ ܐܦ ܦܘܠܘܣ ܒܟܬܒ ܠܥܒܪ̈ܝܐ. ܗ̇ܘ ܕܐܝܬܘܗܝ، ܨܠܡܐ ܕܫܘܒܚܐ ܘܨܘܪܐ ܕܩܘܡܗ [5].

ܗܠܝܢ ܕܝܢ ܐܝܠܝܢ ܕܡܫܒܚܝܢ ܕܢܕܥܝܢ ܬܠ̈ܬܐ ܘܡܫܬܡܗܝܢ ܒܫܡܗܘܢ ܕܒܢ̈ܝܢܫܐ ܐܝܟܢ. ܟܕ ܠܐ ܝܕܥܝܢ ܕܩܘܡܐ ܢܐܡܪܘܢ ܥܠ ܐܠܗܐ. ܗܕܐ ܓܝܪ ܒܠܚܘܕ ܒܐܪܡܝܘܬܗ ܘܒܦܫܝܛܘܬܗ ܐܚܝܕܬܐ ܕܠܗܘܢ. ܐܡܪܝܢܐ ܠܗ * ܒܐܡܝܢܘܬ ܗܘܝܬ ܡܬܪܣܝܢܘܬ * 45 vº a ܕܠܗܘܢ. ܕܐܡܪܝܢ ܐܦ ܗ̇ܢܘܢ ܐܝܟ ܣܟܠܐ ܒܠܒܗ ܕܠܝܬ ܐܠܗܐ [6]. ܬܘܒ ܕܝܢ ܐܒܗ̈ܬܐ ܐܠܦܘ ܒܢܝܩܝܐ ܕܠܐ ܐܝܬܘܗܝ، ܒܪܝܐ ܐܘ ܥܒܕܐ ܡܠܬܐ ܐܠܗܐ. ܒܕܒܪܘ ܕܒܟܠ ܡܕܡ ܒܐܝ̈ܕܘܗܝ، ܗܘܐ [7]. ܘܒܗ ܟܠ ܡܕܡ ܐܬܒܪܝ، ܘܐܬܩܝܡ [8]. ܗ̇ܢܘܢ ܕܝܢ ܗܠܝܢ ܕܬܢܝܢܐܝܬ ܐܡܪܝܢ ܐܘ ܒܦܫܝ̈ܛܐ. ܐܘ ܒܩ̈ܢܘܡܗ̇ ܐܚܝܕܬܐ ܕܠܗܘܢ ܒܪܝܐ ܐܩܢܘܡܝܗ ܕܢܐܡܪܘܢܝܗ، ܘܚܕ ܡܢ ܚ̈ܒܪܐ ܐܝܠܝܢ ܕܗ̇ܘ ܡܠܬܐ ܐܝܬܘܗܝ، ܡܬܦܢܝܐ ܘܚܒܪܐ. ܐܢ ܓܝܪ ܒܐܝ̈ܕܘܗܝ، ܟܠ ܡܕܡ ܗ̇ܘܐ ܘܗ̇ܘ ܒܪܝܬܐ ܐܝܬܘܗܝ، ܠܗܘܐ ܡܕܡ ܕܐܦ ܗ̇ܘ ܠܗ ܒܪܐ. ܘܐ̇ܚܪܢܐ ܡܫܒܚܐ ܕܗ̇ܘ ܕܡܬܒܪܐ ܢܒܪܐ. ܐܘ ܐ̇ܚܪܢܐ ܗ̇ܘ ܒܪܐ ܕܡܬܒܪܐ.

[1] *Ex.* 3, *14.* — [2] *Jer.* 23, *18.* — [3] *Jer.* 23, *22.* — [4] *Jer*, 9, *10.* — [5] *Heb.* 1, *3.* — [6] *Ps.* 14, 1. — [7] *Jn.* 1, *3.* — [8] *Coloss.* 1, *16.*

ܠܗ, ܘܕܐܝܪܝܐ ܘܡܫܘܚܕ. ܕܢܦܢܘܢ * ܘܡܢ ܗܕܐ ܗܘܐ ܐܟܚܕܐ ܘܗܘܐ * 45 vᵒ b

ܕܘܪ̈ܚܒܚܐ ܕܚܠܡ ܘܕܚ ܪܚܡ * ܘܪܚܝܒܚܐ * ܠܗ, ܘܕܚ * 46 rᵒ a

ܚܢ ܐܪܐܠܚ ܕܠܐ * ܐܪܐܚܒܚܒܚ ܗ̇, ܘܕܚܗܡ ⁷. * 46 rᵒ b

---

¹ Cf. *Is.* 8, 14, 28, 16; *Rom.* 9, 33. — ² Lege: ܚܕܒܚ. — ³ *Jn.* 1, 14; I *Cor.* 1,
24. — ⁴ *Heb.* 1, 3. — ⁵ I *Cor.* 8, 6. — ⁶ II *Cor.* 5, 17-18. — ⁷ Hermas *Mand.* 1.

ܐܠܐ ܟܕ ܗܘܐ ܐܠܗܐܘܢ ܠܬܘܫܒܚܬܐ ܟܠܗܘܢ܇

(line 5)

(right margin, line 13) * 46 vº a

(line 10)

(line 15) 1

2

3

(line 20)

6

(line 25) 10

(right margin, line 27) * 46 vº b

1 II *Cor.* 4, 11. — 2 *Ex.* 12, 41. — 3 Cf. *Joel* 2, 25. — 4 *Ps.* 46, 7.
5 *Heb.* 1, 3. — 6 *Ps.* 36, 9; *Joel* 3, 18; *Zech.* 13, 1. — 7 *Is.* 60, 1; Jn. 1, 9. — 8 *Heb.* 1, 3. — 9 *Ps.* 36, 9. — 10 *Jn.* 10, 30.

10 ܐܬܪܝܡ ܕܠܡܠܝ ܫܚܬܗ ܗܘ ܐܬܪ̈ܝ ܡܕܝܢ ܚܕܝ. * 47 r° a
25 ܡܚܒܚ ܐܪ̈ܚܝܐ. ܐܝܡܒܕܩܡܚ ܐܝܪ̈ * ܐܝܒܪܬܘܡ ܠܚܕ ܡܚܒܚ * 47 r° b
¹ Lege : ܐܝܪ̈ܒܝܬ

* 47 v° a

* * 47 v° b

1 *Jn. 10, 30, ita et Pesh.* — 2 *Jn. 14, 9.* — 3 *Lk. 6, 36.* — 4 *Mt. 5, 48.* —
5 *Ps. 83, 1.* — 6 *Ps. 86, 8; Ex. 15, 11.* — 7 *Jn. 10, 35.*

ܕܠܠܘܬܗ ܡܚܙܝܐ ܡܢ ܐܒܪ ܕܐܒܪܐ ܕܐܒܪ ܐܒܪܐ܂ ܚܙܪ ܣܝ ܀ ܚܙ܂ ܬܠܬܐ ܠܐ ܐܠܐ [1]

* * 48 rᵒ a

* * 48 rᵒ b

1 *Jn.* 10, *30,* ita et Pesh. — 2 Cf. *Jn.* 5, *19.* — 3 *Jn.* 16, *15.* — 4 *Jn.* 10, 30, ita et Pesh. — 5 *Jn.* 14, *9.* — 6 Lege : ܠܛܠܬܗܡ.

ܘܡܢ ܕܬܢܝܢܐ ܕܡܫܬܪܝܬܐ ܐܚܕܬܘܢ ܕܬܪ̈ܝܐ ܒܪܐ ܠܐܠܗܐ. ܗܠܝܢ ܕܝܢ ܕܬܠܝܬܝܐ ܕܡܥܒ̈ܕܢܘܬܐ ܐܚܕܬܘܢ. ܕܚܕܐ ܕܡܢ ܡܥܒܕܢܘܬܐ ܘܐܩܢܘܡܐ ܐܚܪ̈ܢܝܢ * ܐܢܬܘܢ ܡܪܒܒܢܐ ܠܐܠܗܐ. ܘܡܢܗ * 48 vº a ܢܬܦܫܩܘܢ ܠܟܘܢ. ܟܕ ܗܠܝܢ ܐܚܪ̈ܢܝܢ ܐܢܬܘܢ. ܠܘ ܓܝܪ ܡܪܒܒܢܐ ܗܘ ܐܠܗܐ ܗܘ̇ ܕܠܟܠ ܡܕܡ ܝܗܒ ܠܗ̇، ܕܢܗܘܐ. ܘܠܐ ܐܠܐ ܕܐܝܟ ܗܘܝܐ ܐܝܟ ܐܝܠܝܢ ܕܐܝܬܝܗܘܢ ܐܝܠܝܢ ܕܗܘܝܘ ܟܕ ܡܠܬܐ ܗ̇ܘ̣ܝ. ܠܐ ܬܗܘܐ. ܦܪܨܘܦܬܐ ܓܝܪ ܐܝܬܝܗ̇ ܐܩܢܘܡܐ. ܒܗ̇، ܕܠܝܬ ܒܗ̇ ܡܥܒܕܢܘܬܐ. ܘܠܐ ܫܘܓܢܝܐ ܡܕܡ ܐܘ ܛܠܠܬܐ ܕܫܘܚܠܦܐ ܐܝܟ ܕܐܡ̣ܪ ܝܥܩܘܒ[1]. ܠܐ ܓܝܪ ܡܬܬܘܣܦܐ ܡܢ ܡܫܬܪܝܬܐ. ܠܝܬ ܓܝܪ ܡܥܒܕܢܘܬܐ ܒܐܠܗܐ ܐܦܠܐ ܒܒܪܐ. ܒܕܝܢܝܐ ܕܒܪ ܡܬܡܣܟܢܘܬܗ̇ ܗܘ ܕܐܩܢܘܡܐ. ܘܗܕܐ ܫܡܪܝܢ ܐܢܬܘܢ ܡܢ ܟܠ ܦܪܘܣ. ܐܢ ܡܫܬܐܠܝܢܬ ܠܐ ܐܡܪܝܢ ܒܗܘܢ ܗ̇ܝ، ܕܬܦܩܠܘܢ. ܗ̇ܝ، ܕܝܢ ܕܡܬܡܣܟܢܘܬܐ ܘܗ̇ܝ، ܕܗ̣ܝ، ܟܕ ܗ̣ܝ، ܕܐܩܢܘܡܐ ܗ، ܕܐܠܗܐ ܕܒܪܗ ܒܝܠܐܝܬ ܐܝܬܘܗܝ، ܡܢܐ ܬܗܘܐ ܒܗܘܢ. ܐܠܐ ܬܘܒ ܐܝܟ ܗܕܐ ܘܝܠܕܐ ܕܒܪ ܐܩܢܘܡܐ ܠܗ̇ܘ ܕܝܠܕ. ܗܕܐ ܗ، ܓܝܪ ܬܘܣܦܬܐ * ܕܝܠܝܕܘܬܐ ܕܒܪܐ ܠܘܬ ܐܒܐ. ܘܗ̇ܘ * 48 vº b ܕܗܕܐ ܠܐ ܐܡܪ ܠܐ ܡܬܘܪܒܐ ܕܒܢܝܢܐ ܘܡܫܬܪܪܐ ܐܝܬܘܗܝ، ܡܠܬܐ ܒܪܐ.

9 ܟܕ ܗܟܢܐ ܐܬܪܥܝܘ ܐܒܗܘܬܐ ܠܒܪܗ ܕܒܪ ܐܩܢܘܡܐ ܕܐܒܐ ܐܝܬܘܗܝ، ܒܪܐ. ܘܐܡܪܝܢ ܠܐܝܠܝܢ ܕܐܚܪ̈ܢܝܢ ܕܡܢ ܩܢܘܡܐ ܐܚܪܢܐ ܐܝܬܘܗܝ، ܒܪܐ. ܠܘ ܟܕ ܗ̇ܢܘܢ ܠܗܘܢ ܚܕ ܩ̈ܠܐ. ܐܠܐ ܐܦ ܗ̇ܢܘܢ ܡܢ ܐܒܗ̈ܬܐ ܕܐܒܗ̈ܝܗܘܢ ܐܠܦܘ ܐܝܟ ܕܩܕܡ ܐܡܪܢ. ܟܕ ܗܠܝܢ ܕܝܢ ܗܟܢܐ ܐܬܚܘܝ، ܬܘܕܝܬܐ ܐܝܬܝܗ̇ ܐܪܬܕܘܟܣ. ܬܘܕܝܬܐ ܐܦ ܗ̇ܝ، ܕܣܘܢܗܕܘܣ ܐܚܪܬܐ ܕܡܬܟܢܫܐ ܡܢܗܘܢ ܡܛܠ ܗܝܡܢܘܬܐ. ܦܫܝܛܐ ܓܝܪ ܗ̇ܝ، ܕܒܢܝܩܝܐ ܕܫܠܡܐ ܐܦ ܠܐܦܣܩܘܦܐ ܬܠܬܡܐ. ܒܗ̇، ܕܐܦ ܐܒܗ̈ܬܐ ܕܠܗܘܢ ܐܪܦܘ ܐܢܫܐ ܗ̇ܢܘܢ ܕܢܬܒܥܘܢ ܡܢܗܘܢ ܘܐܦ ܗܘܬ ܠܗܘܢ. ܕܠܐ ܬܘܒ ܢܦܩ ܡܬܪܐܝܬ ܠܒ ܡܢ ܗ̇ܢܘܢ ܒܪܗܛܢܐ ܕܬܚܘܢ.

[1] *James* 1, 17.

* 49 rᵒ a

ܐܪ ܠ ܕܢ ܡܘܕܐ ܕܢ * ܚܠܡܝ ܡܕܘܐ̈ ܐܕܝ ܡܗܘܝܠܐ̈ ܐܝܪܢܝܣܘܡܐܕܟܐܪ

ܐܪܟܐܡ ܕܥܘܕܣ . ܥܢܝܘܕ ܕܐܗ̈ܪܐ ܐܕܟ ܐܕܝ ܐܕܐ ܕܢ ܥܣܕ̈ܬܡ

ܗܡ ܕܠܐ ܢܘܚܢ ܘܕܢܘܠܡ ܡܢ ܚܠܗܠܐ ܢ, ܐܗܕ ܐܡܘܥ̈ܪܐ . ܡܘܕܝܘܐ̈ ܢܐ ܘܕܗܡ,

ܡܗܘܢ ܟܘܝ ܒܪ ܐܕܝ ܐܢ̈ ܥܣܕ̈ ܚܢܟ̈ܪ ܒܢܐ ܐܕܡ̈ܟܪ ܒܢܐ . ܢ ܘܐ̈ܝ ܘܢܣܘܝ

5   ܕܢ ܐܝܪ ܡܕܫܪ̈ܗܕ ܘܡܘ̈ܚܡܐ ܠܡܝܢܘܡ ܕܟܐܗܘܡ ܠܐ ܢܚܬܠ ܐܕ̈ ܐ̈ܝܪ

ܐܠܗܐܕ ܐܠ ܚܒܕܢ ܐܡ ܚܢܝܟܪ ܐܡ ܢܘܝܟ̈ܪ ܕܐܠܟ ܐܡܪ̈ܟ ܣ.

ܐܝܢܬܟ ܐܘ ܐܕܢ ܗܘܐ ܐܝܟܪ, ܕܐܠܟ ܐܡ̈ܕ ܗܘܐ ܡܕܝ ܐ ܡܘܝܟ̈ܪ ܗܘܐ, ܟܪܐ ܐܕ̈ ܐܠܗܐ

ܟܗܠܠ ܕܕܟ ܚܒܫ̈ܡ ܐܠܟ ܐܠ ܘܐ̈ܠܐܥ̈ ܐܠ ܡܟܕܐܛܟܣ, ܐܠ ܡܘܝܟ̈ܪ , ܘܐ̈ܠܐ

ܡܢ ܡܘܗ̈ܡܣ ܕܢ ܥܘ̈ܡܣܕ ܢܒܘ̈ܕܣ ܐܕ̈ܝܪ ܐܡܟ̈ܣ ܒܘ̈ܕ ܐ̈ܬܘܝܣ.

10 ܒܘ̈ܘ, ܕܢܒܘ̈ܬܡ ܡܕܫ̈ܟ̈ܐ ܣ ܡܠܝܢ ܕܗܠܟܚܐ ܕܗܟ . ܥܒܕ ܐ̈ܝ̈ܘܣ ܐ̈ܝ

ܟܒܘ̈ܬ̈ܝܣ ܐ̈ܗܣ . ܐ̈ܡܘܥܪ ܐ̈ܝܢܝ ܐܡ̈ܘܥ ܪ ܡܘ̈ܝܟ̈ܪ , ܐ̈ܝܪ

ܟ̈ܗܠܠ ܐ̈ܡܗ̈ ܐ̈ܡܘܝܥ ܒܪ ܝ̈ܒ ܐܪ ܒܘ̈ܝܟ̈ܪ ܒܪ ܒܢܐܕ̈ ܐ̈ܝܪ ܐ̈ܡ̈ܐ

ܐܝ̈ ܢܝ̈ܒ ܝ̈ܦ̈ ܐ̈ܝ̈ܢܝ ܕ̈ܢ ܡܠ̈ܗ̈ܠ ܠ ܣܘ̈ܟ ܐ̈ܬ̈ܗ̈ܣ . ܐ̈ܡ̈ܗ̈ ܐ̈ܝܝܣ

ܕܐ̈ܠ , * ܐ̈ܝܐ ܗܘܐ ܐ̈ܝ̈ܪ ܐ̈ܝ̈ܢܝ ܕ̈ܢ ܡܠ̈ܥ ܡܢ * 49 rᵒ b

15 ܕ̈ܝܗ ܐ̈ܝܪ̈ ܥܣ̈ ܪ ܐ̈ܟ̈ܘ̈ܠ̈ܘܟ ܐ̈ܪ̈ܢ ܕ̈ܢܝ̈ܪ̈ ܝ̈ܟ̈ ܣ . ܐ̈ܡ̈ܗ̈ , ܕ̈ܣ̈ܕ

ܡܠ̈ ܢ̈ܝܒ̈ ܕ̈ܡ̈ܠ̈ ܡ̈ ܡܠ̈ ܐ̈ܡܘܥ̈ ܪ̈ ܒ̈ܕ̈ ܗ , ܕ̈ܝ ܡ̈ ܐ̈ܘ̈ܝ̈ܣ̈

ܕ̈ܪ̈ ܐ̈ܡ̈ܘܥ̈ ܪ ܒܪ̈ ܐ̈ܢ̈ ܡܢ ܗ , ܕ̈ܠܟ , ܡ̈ܘ̈ܝ̈ܟ̈ ܪ̈ ܐ̈ܝܪ̈ ܐ̈ܝܪ̈ ܟ̈ ܐ̈ܢ̈ܝ̈ܟ̈ ܪ̈ ܐ̈ܝ̈ܟ̈ ܐ̈ܝ̈ܪ̈ ܪ̈ ܐ̈ܝ̈ ܒ̈ ܐ̈ܥ̈ܟ̈ ܣ̈

ܐ̈ܢ̈ܝ̈ܟ̈ ܕ̈ ܐ̈ܘ̈ܗ̈ ܢ̈ܘ̈ܗ̈ ܡ̈ ܐ̈ܝ̈ܪ̈ ܐ̈ܝ̈ ܠ̈ ܐ̈ܡܘܥ̈ ܪ ܒ̈ܪ̈ ܐ̈ܝ̈ ܠ̈ܗ̈ܠ ܐ̈ܝ̈ܕ̈ ܗ

20 ܐ̈ܡ̈ ܗ̈ , ܢ̈ܝ̈ ܐ̈ ܡ̈ܘ̈ܝ̈ܟ̈ ܪ̈ ܐ̈ܘ̈ܗ̈ ܝ̈ܢ̈ ܗ̈ ܠ̈ܡ̈ ܝ̈ ܡ̈ ܢ̈ ܝ̈ ܐ̈ ܘ̈ ܗ̈ ܪ̈ ܣ̈ ܡ̈ ܣ̈ ܐ̈ܪ̈ ܐ̈ . [2]

ܡ̈ܘ̈ܕ̈ ܟ̈ ܐ̈ ܒ̈ ܐ̈ܝ̈ ܒ̈ ܐ̈ܟ̈ ܣ̈ ܕ̈ ܡ̈ ܐ̈ܘ̈ ܗ̈ ܠ̈ ܢ̈ ܬ̈ ܐ̈ܪ̈ ܐ̈ܟ̈ ܣ̈ ܕ̈ ܐ̈ܘ̈ ܗ̈ ܡ̈

ܐ̈ܘ̈ ܗ̈ ܕ̈ ܣ̈ ܒ̈ ܣ̈ ܪ̈ ܐ̈ ܐ̈ ܐ̈ܟ̈ ܣ̈ ܕ̈ ܐ̈ , ܐ̈ ܘ̈ ܐ̈ ܣ̈ ܣ̈ ܡ̈ , ܐ̈ܘ̈ ܗ̈

ܝ̈ܣ̈ܕ̈ ܒܪ̈ܝ̈ ܐ̈ ܠ̈ ܐ̈ܟ̈ ܣ̈ [3]

ܒ̈ܪ̈ܝ̈ ܐ̈ܟ̈ ܣ̈ ܗ̈ ܕ̈ ܝ̈ ܐ̈ܟ̈ ܐ̈ܟ̈ ܐ̈ܬ̈ ܐ̈ܟ̈ . ܣ̈ ܪ̈ ܦ̈ ܗ̈ ܟ̈ ܗ̈ ܐ̈ܟ̈ ܗ̈ ܐ̈ܬ̈ ܐ̈ܘ̈ ܗ̈ ܐ̈ܟ̈ 10

25 ܡ̈ ܠ̈ ܝ̈ . ܣ̈ ܟ̈ ܠ̈ ܗ̈ ܕ̈ ܢ̈ ܕ̈ ܠ̈ ܐ̈ ܐ̈ ܘ̈ ܪ̈ ܚ̈ ܚ̈ ܡ̈ ܣ̈ ܝ̈ . ܣ̈ ܘ̈ ܠ̈ ܗ̈ ܠ̈ ܗ̈ ܣ̈ ܡ̈ ܘ̈ ܢ̈ ܗ̈ ܣ̈

ܝ̈ܣ̈ ܝ̈ . ܕ̈ ܚ̈ ܝ̈ ܠ̈ ܡ̈ ܝ̈ ܕ̈ ܢ̈ ܡ̈ ܕ̈ ܚ̈ ܡ̈ ܐ̈ܬ̈ ܐ̈ ܐ̈ ܘ̈ ܠ̈ ܝ̈ ܒ̈ ܐ̈ܬ̈ ܐ̈ ܘ̈ ܣ̈ ܪ̈ ܐ̈ܝ̈ ܐ̈ܝ̈ ܪ̈ ܐ̈ܝ̈ ܪ̈ . ܐ̈ ܘ̈ ܐ̈ ܣ̈

ܡ̈ ܐ̈ ܗ̈ , ܡ̈ ܡ̈ ܕ̈ ܠ̈ ܟ̈ ܣ̈ ܣ̈ ܟ̈ ܠ̈ ܗ̈ ܠ̈ ܗ̈ ܐ̈ܬ̈ ܗ̈ ܕ̈ ܠ̈ ܡ̈ ܘ̈ ܗ̈ , ܡ̈ ܐ̈ ܠ̈ ܐ̈ ܗ̈ ܕ̈ ܐ̈ ܘ̈ ܗ̈ , ܡ̈ ܐ̈ ܘ̈ ܗ̈

ܒ̈ ܝ̈ ܡ̈ ܐ̈ܪ̈ ܐ̈ܠ̈ ܐ̈ . ܡ̈ ܚ̈ ܐ̈ ܕ̈ ܢ̈ . * ܣ̈ ܝ̈ ܒ̈ ܠ̈ ܚ̈ ܣ̈ ܕ̈ ܐ̈ ܘ̈ ܗ̈ ܡ̈ ܝ̈ ܪ̈ ܐ̈ ܐ̈ ܠ̈ ܐ̈ . ܡ̈ ܟ̈ * 49 vᵒ a

ܕ̈ ܝ̈ ܒ̈ ܣ̈ ܕ̈ ܚ̈ ܡ̈ ܣ̈ ܣ̈ ܡ̈ ܡ̈ ܝ̈ ܠ̈ ܥ̈ ܐ̈ ܟ̈ ܠ̈ ܗ̈ ܝ̈ . ܠ̈ ܐ̈ . ܕ̈ ܢ̈ ܡ̈ ܣ̈ ܡ̈ ܠ̈ ܗ̈ ܣ̈ ܕ̈ ܘ̈ ܠ̈ ܝ̈ ܐ̈ܬ̈ ܪ̈ ܣ̈ ܝ̈

---

1 Lege : ܚܕ̈ܕܚ . — 2 *Jn.* 10, 30, ita et Pesh. — 3 *Jn.* 14, *9*.

ܪܐܝܟ ܚܕ . * ܩܕܘܡ ܠܗܠܝ ܕܚܕ ܐܝܪܟܝܘܣܘܢ ܩܘܒܝܠܘܢ ܘܐܠܟܝܠܘ   * 49 vᵒ b
ܟܚܚܣܘܝܩܘܟܚܐ ܐܝܪܝܒܪ * ܕܚܣܘܡ . ܣܗܡܘܣܘ ܠܟܢ ܗܝܐ 11   * 50 rᵒ a
[1] I Cor. 11, 2.

ܡܗܝܡܢܝܢ ܘܒܪܘܚܐ ܩܕܝܫܐ. ܐܝܟܢܐ ܕܟܕ ܓܡܝܪܬܐ ܘܡܫܡܠܝܬܐ ܢܛܪܘܢ ܠܗܝܡܢܘܬܐ ܕܒܬܠܝܬܝܘܬܐ ܩܕܝܫܬܐ. ܠܒܘܣܡܐ ܕܗܝܡܢܘܬܐ ܕܡܫܝܚܐ ܘܠܡܠܦܢܘܬܐ ܕܒܢ̈ܬܐ ܘܬܘܠܡܕܐ ܒܗܕܐ ܢܬܘܕܥܘܢ. ܕܒܬܐ ܓܝܪ ܗܘܬ ܠܟܘܢ ܘܠܘܬ ܟܠ ܐܢܫ. ܘܠܐ ܐܢܫ ܡܢ ܒܪ̈ܘܦܠܓܘܬܐ ܡܬܚܪܐ ܒܗܕܐ ܕܢܦܩܐ ܪܒܢܐ ܗܢܐ. ܐܝܟܢܐ ܕܠܬܝܢ̇ ܡܗܝܡܢܘܬܢ ܒܒܪܝܬܐ. ܐܠܐ ܒܗ̇. ܐܠܗܐ ܕܒܬܠܝܬܝܘܬܐ ܩܕܝܫܬܐ ܘܡܫܡܠܝܬܐ ܡܬܝܕܥ. ܒܗ̇ ܕܐܦ ܒܪ. ܚܡܪܝܢ ܚܢܢ ܘܒܗ̇ ܡܬܢܨܚܝܢ ܠܐܠܗܘܬܐ. ܡܗܝܡܢܝܢ ܚܢܢ ܕܐܦ ܒܡܠܟܘܬܐ ܕܫܡܝܐ ܢܐܪܬ ܒܡܫܝܚܐ ܝܫܘܥ ܡܪܢ. ܕܒܐܝܕܗ ܫܘܒܚܐ ܘܐܝܩܪܐ ܠܐܒܐ ܥܡ ܪܘܚܐ ܩܕܝܫܐ. ܠܥܠܡ * ܥܠܡܝܢ. ܐܡܝܢ. * 50 rº b

ܫܠܡܬ ܐܓܪܬܐ ܕܩܕܝܫܐ ܘܛܘܒܢܐ ܐܬܢܣܝܘܣ

ܕܚܕܐܡܝ * ܐܡ ܐܠ ܟܒ ܘܐ̈ܒܐ ܐܡ ܟܒܩܒ ܘܐܠ ܚܕܐ ܚܝܬܐ   * 50 vo a

* ܕܐܦ ܡܠܡ ܐܠܗܐܝܬ ܐܝܟ ܐܠܗܐ ܘܐܢܫܐܝܬ ܡܬܒܚܣ. ܡܚܕ ܐܝܟ ܢܦ * 50 vo b
20 ܘܐܝܐܬ. ܕܐ ܠܘ ܠܣܚܚܐ ܠܗܠܝ ܕܚܘ ܦܠܝܠ ܐܝܬ * 51 ro a
* ܪܚܒ ܐ ܪܚ * ܘܠܘܗ ܠܣܝܪ ܚܝܣ ܪܚ ܐ. * 51 ro b

¹ Lege : ‑ ܚܚܚܝ̈ܛܝ.ܕ. — ² Lege : ܥܚܚ.

ܢܚܒܐ ܢܬܪ ܡܢ ܬܘܕܝܬܐ ܕܟܢܘܫܬܐ. ܒܪܡ ܕܝܢ ܦܪܫܝܢ ܚܢܢ ܠܗܠܝܢ ܕܡܚܠ ܚܝܘܬܐ. ܕܠܡܢܐ ܐܪܐ ܐܝܟ ܐܪ̈ܝܐܢܘ ܢܐܡܪܘܢ ܢܒܪ̈ܝܐ ܘܐܟ̈ܣܢܝܐ ܘܐܣ̈ܝܪܝܢ ܒܐܘܣܝܐ ܠܫܪ̈ܕܐ. ܘܕܒܘܠ ܚܕ ܡܢ ܩܢ̈ܘܡܐ ܡܒܢܗ ܘܠܗ ܦܪܨ. ܐܡܒܠܐ ܕܐܬܝܗܒ ܗܠܝܢ ܒܪ̈ܬܐ ܐܣ̈ܝܪܬܐ ܘܗܠܝܢ ܕܡܢ ܒܢ̈ܝܫܐ ܡܬܠܕܢ. ܐܘ ܐܝܟ ܗܢܐ ܕܐܘܩ̈ܝܢܘܣ ܡܬܩ̈ܢܘܡܘܬܐ. ܐܘ ܐܝܟ ܡܢܐ ܕܐܝܬܘܗܝ، ܕܗܘܢܐ ܘܗܐܡܐ ܘܚܫܐ ܗܘܕܐ ܢܐܡܪܘܢ. ܐܘ ܐܝܟ ܕܐܡܪܝܢ ܠܗܠܝܢ ܗܪ̈ܛܝܩܘ ܐܪ̈ܝܢܐ ܬܠܬ ܙ̈ܒܢܘܬܐ ܘܬܠܬܐ ܐܠܗ̈ܝܢ. ܡܛܠ ܗܢܐ ܡܬܬܪ̈ܝܢ ܒܕ. ܬܠܬܐ ܩܢ̈ܘܡܐ ܐܡܪܝܢ. ܘܚܕ̈ܕܘ ܕܠܐ *ܐܡܪܝܢ * 52 rº a
ܐܦ ܠܐ ܐܬ̈ܪܝܗܘܢ ܡܬܘܡ ܗܒܢܐ. ܒܕ ܕܝܢ ܡܫܐܠܝܢ ܗܘܘܢ ܠܗܘܢ ܚܕ. ܐܡܒܢܐ ܗܒܠ ܗܠܝܢ ܐܡܪܝܢ ܐܢܬܘܢ. ܐܘ ܐܝܟ ܡܛܠ ܗܒܢܐ ܒܡ̈ܠܐ ܗܠܝܢ ܡܬܚܫܚܝܢ ܐܢܬܘܢ. ܡܚܘܝܢ ܗܘܘ ܦܬܓܡܐ ܡܛܠ ܕܟܠܬܠܝܬܘܬܐ ܡܬܝܕܥܬܐ ܡܫܡܗܝܢ ܚܢ. ܢܕܥܝܢ ܚܢ ܕܠܗ ܒܫܡܐ ܗ، ܬܠܝܬܝܘܬܐ ܠܚܘܕ. ܐܠܐ ܒܫܪ̈ܪܐ ܐܝܬܝܗ̇ ܘܡܦܣܩܬܐ. ܒܕ ܐܒܐ ܒܫܪ̈ܪܐ ܐܝܬܘܗܝ، ܘܡܦܣܩ. ܘܒܪܐ ܐܝܬܘܗܝ، ܘܡܦܣܩ. ܘܪܘܚܐ ܩܕܝܫܐ ܒܫܪ̈ܪܐ ܡܦܣܩ ܘܐܝܬܘܗܝ،. ܐܦ ܠܐ ܕܝܢ ܐܡܪܝܢ ܬܠܬܐ ܐܠܗ̈ܐ ܐܘ ܬܠܬ ܙ̈ܒܢܘܬܐ. ܐܦ ܠܐ ܗܟܝܢ ܐܬܦܪܫܘ ܠܗ̇ܘܢ ܕܗܕܐ ܐܡܪܝܢ ܐܘ ܡܬܬܪܝܢ. ܐܠܐ ܕܕܢܝܢ ܚܢ ܡܢ ܬܠܝܬܝܘܬܐ ܡܬܝܕܥܬܐ. ܚܕܐ ܕܝܢ ܐܠܗܘܬܐ ܘܚܕܐ ܙܒܢܘܬܐ. ܘܒܪܐ ܡܢ ܒܪ ܐܘܣܝܐ ܕܐܒܐ ܐܝܟ ܕܐܡܪܢܘ ܐܒܗ̈ܬܐ. ܙܘܥܐ ܕܝܢ ܡܬܝܕܥܐ ܠܐ ܒܪܝܬܐ ܘܠܐ * ܐܘܣܝܐ. ܐܠܐ ܕܠܗ̇ ܕܐܘܣܝܐ ܕܒܪܐ ܘܠܐ ܡܬܦܪܫܐ. * 52 rº b

6 ܒܕ ܗܒܠ ܠܦܣܘܩܐ ܕܬ̈ܠܬܐ ܗܠܝܢ ܘܠܡܦܩ ܒܙܘܥܐ ܕܝܢ [1] ܘܠܗ̇ܘܢ ܕܐܬܚܪܕܘ ܡܢ ܗܠܝܢ. ܐܝܟ ܗ̇ܘ ܕܚܕ ܡܘܩܡܐ ܐܡܪܝܢ. ܕܠܡܢܐ ܐܪܐ ܐܝܟ ܕܣܒܠܝܘܣ ܡܬܬܪܝܢ. ܡܛܠ ܗܢܐ ܘܦܘܠܝܢ ܐܡܪܝܢ ܐܝܟ ܕܠܡܬܩܪܒܘܬܗ ܠܒܪܐ ܘܠܪܘܚܐ ܡܬܝܕܥܐ. ܐܝܟ ܡܢ ܕܕܠܐ ܐܘܣܝܐ ܐܝܬܘܗܝ، ܒܪܐ. ܘܕܠܐ ܡܘܡܩ ܪܘܚܐ ܡܬܝܕܥܐ. ܐܦ ܗ̇ܘܢ ܕܝܢ ܗ̇ܘܢ ܥܒܪܘ ܕܐܦ ܠܐ ܐܡܪܘ

[1] Lege : ܕܝܢ

ܘܠܐ ܐܬܪܟܒܘ ܗܕܐ ܡܬܘܡ. ܐܠܐ ܩܢܘܡܐ ܡ̇ܢ ܐܡܪܝܢ ܚܕ ܒܪ. ܡܫܒܚܝܢ ܚܕ ܕܗܘ ܒܪ ܗܘ ܐܠܗܘܬܗ ܕܐܡܪ ܩܢܘܡܐ ܘܐܘܣܝܐ. ܚܕ ܕܝܢ ܡܬܐܡܪܝܢ ܚܕ. ܡܛܠ ܕܡ̇ܢ ܐܘܣܝܐ ܕܐܒܐ ܐܠܗܘܬܗܘ ܒܪܐ. ܘܡܛܠ ܗ̇ܘ ܕܗܘ ܒܪ ܗܘ ܕܒܢܝܐ. ܚܕܐ ܓܝܪ ܐܠܗܘܬܐ. ܘܕܚܕ ܐܠܗܘܬܗܘ ܒܢܝܐ ܕܗܕܐ ܡܗܝܡܢܝܢ ܚܕ. ܘܠܐ ܐܚܪܢܐ ܡ̇ܢ ܕܐܒܐ ܐܩܢܘܡܐ ܕܝܢ ܕܗܢܐ ܠܒܪܐ ܘܠܪܘܚܐ * ܩܕܝܫܐ. ܗܟܢܐ ܐܦ ܗܠܝܢ ܕܐܬܚܒܪܘ ܐܝܟ ܗܘ̇ ܕܐܬܠܬܐ * 52 vº a ܩܢܘ̈ܡܐ ܐܡܪܢܘ ܓܠܝܢ ܗܘܘ ܠܗܘܢ. ܐܦ ܗܠܝܢ ܕܐܡܪܢܘ ܚܕܐ ܐܘܣܝܐ. ܒܪ ܡܬܦܪܫ ܗܘ، ܗܠܝܢ ܕܗ̇ܘܢ ܘܡܬܕܪܝܢ ܗܘܘ. ܕܡܬܒܝܢܝܢ ܗܘܐ ܡܢ ܬܪܝܗܘܢ ܒܬ̈ܪܐ ܐܪܝܘܣ ܐܝܟ ܓܢܐ ܒܗ ܡܫܝܚܐ. ܘܡܩܕܘܢܝܘܣ ܘܦܘܠܐ ܫܡܝܫܛܝܐ ܐܝܟ ܢܣܛܘܪܐ. ܘܬܐܘܕܘܪܘܣ ܘܕܝܘܕܘܪܘܣ ܐܝܟ ܢܒܝܬܐ ܕܕܪܪܐ. ܡܐܟ ܕܝܢ ܐܝܟ ܡܫܝܚܐ ܕܒܢܝܬܐ. ܒܠܗܘܢ ܕܝܢ ܕܦܠܓܘܬܐ ܕܐܠܗܐ ܘܒܗ ܦܪܨܘܦܐ ܕܐܝܟ ܗܠܝܢ. ܒܪ ܓܠܝܢ ܗܘܘ ܠܟܠܗ ܕܐܝܟ ܗܢܝܐ. ܕܐܦܠܐ ܘܕܐܬܝܪ ܬܠܝܬܝܘܬܐ ܐܠܗܘܬܗ ܗܝܡܢܘܬܐ ܕܒܢܝܢܐ ܡܢ ܐܒܗܬܐ ܐܬܬܩܕܫ. ܘܟ̈ܠܗ ܕܫܪܒܐ ܗܠܝܢ ܕܗܕܐ ܬܪܐܬ ܢܦܩܢ ܠܗܘܢ.

7 ܐܠܐ ܘܡܛܠ ܡܒܪܢܘܬܐ ܕܒܟܣܪ ܕܦܪܘܩ. ܟܠ ܕܐܦ ܡܛܠ ܗܕܐ ܢܬܝܪܘܢ ܥܦܪܐ ܗܘܬ ܠܐܬ̈ܪܝܢ ܠܘܬ ܫ̈ܐܕܐ. ܕܝܢ[1] ܘܠܗܠܝܢ ܘܠܗܘܢ. ܘܐܝܠܝܢ ܕܗܠܝܢ * ܡܗܕܝܢ ܗܘܘ ܓܠܝܢ * 52 vº b ܗܘܘ ܐܦ ܗܘܢ. ܕܠܘ ܐܝܟ ܕܒܢܝܢܐ ܗܘܬ ܡܠܬܐ ܕܡܪܝܐ. ܗܟܢܐ ܘܒܬܪ ܐܢܫܐ ܩܕܝܫܐ ܓܒܪܐ ܒܣܪܬܐ ܕܒܢ̈ܝܐ. ܐܠܐ ܗܘ ܡܠܬܐ ܒܣܪܐ ܗܘܐ. ܘܒܪ ܒܕܡܘܬܐ ܕܐܠܗܐ ܐܠܗܘܬܗ، ܢܣܒ ܕܡܘܬܐ ܕܥܒܕܐ ܘܡܢ ܡܪܝܡ ܡܬܝܠܕ ܒܒܣܪ ܒܪ ܐܢܫܐ ܡܬܠܠ. ܘܡܒܢܐ ܠܡܫܝܚܘܬܐ ܘܡܫܡܠܝܐܝܬ ܒܪ ܐܬܚܙܝ ܡܢ ܫܠܝܛܬܐ ܠܢܫܐ ܕܒܢܝ ܐܢܫܐ ܘܫܒܩܐ ܡܢ ܡܚܘܬܐ. ܒܟܠ ܠܡܠܟܘܬܐ ܕܫܡܝܐ. ܡܟܝܠ ܗܘܘ ܕܝܢ ܐܦ ܗܕܐ. ܕܠܘ ܦܓܪܐ ܕܠܐ ܢܦܫܐ ܘܠܐ ܠܐ ܡܬܪܓܫܢܐ ܘܠܐ ܕܠܐ ܗܘܢܐ ܐܝܬ ܗܘܐ ܠܗ ܠܦܘܪܩܢܐ. ܐܦ ܠܐ ܓܝܪ ܡܬܒܥܐ ܗܘܬ ܕܒܪ.

[1] Lege : ܕܝܢ

ܡܪܢܐ ܡܛܠܬܢ ܒܪ ܐܢܫܐ ܗ̣ܘܐ ܗܘܐ. ܕܠܐ ܗܘܝܐ ܢܫܗܘܐ ܦܓܪܐ ܕܝܠܗ. ܘܠܐ ܕܦܓܪܐ ܒܠܚܘܕ. ܐܠܐ ܘܕܢܦܫܐ ܒܗ ܡܠܝܠܬܐ ܗ̣ܘܐ ܦܘܪܩܢܐ. ܟܕ ܒܪܐ ܕܝܢ ܕܐܠܗܐ ܐܝܬܘܗܝ، ܒܥܒܕܐ. * ܗ̣ܘܐ ܐܦ ܒܪܗ ܕܐܢܫܐ. ܘܟܕ ܒܪܗ ܐܢܫܝܐ ܕܐܠܗܐ ܐܝܬܘܗܝ، * 53 rº a ܗܘܐ. ܗ̣ܘܐ ܗܘ ܟܕ ܗ̣ܘ ܒܘܟܪܐ ܒܐܚ̈ܐ ܣܓܝ̈ܐܐ [1]. ܡܛܠ ܗܕܐ ܐܦܠܐ ܐܢܫܐ ܗܘܐ ܒܪܐ ܕܐܠܗܐ ܗ̇ܘ ܕܩܡ ܩܕܡ ܐܒܪܗܡ. ܐܢܫܐ ܕܝܢ ܗ̇ܘ ܕܒܬܪ ܐܒܪܗܡ. ܐܦ ܠܐ ܐܢܫܐ ܡܢ ܐܝܬܘܗܝ، ܗܘܐ ܗ̇ܘ ܕܠܒܬܪ ܐܒܪܗܡ. ܐܢܫܐ ܕܝܢ ܗ̇ܘ ܕܡܫܐܠ ܡܫܐܠܬܗ. ܐܠܐ ܗ̣ܘ ܗܘ ܟܕ ܗ̣ܘ ܐܝܬܘܗܝ، ܗܘܐ ܕܐܬܒܪܢܫ ܡܢ ܐܢܬܬܐ. ܐܝܟܐ ܣܝܡ ܠܒܪ [2]. ܐܠܗܐܝܬ ܕܝܢ ܡܩܝܡ ܠܡܝܬܐ. ܗ̣ܘ ܕܝܢ ܟܕ ܗ̣ܘ ܐܝܬܘܗܝ، ܗܘܐ ܗ̇ܘ ܕܦܓܪܢܐܝܬ ܡܢ ܪܓܫ ܐܝܟ ܒܪ ܐܢܫܐ. ܐܠܗܐܝܬ ܕܝܢ ܐܝܟ ܒܪܐ ܕܐܠܗܐ ܦܬܚ ܥܝ̈ܢܐ ܕܣܡܝܐ ܗ̇ܘ ܕܗ̣ܘ ܠܥܕܬܐ. ܘܒܒܣܪ ܡܢ ܚܫ ܐܝܟ ܕܐܡܪ ܦܛܪܘܣ [3]. ܐܠܗܐܝܬ ܕܝܢ ܦܬܚ ܩܒܪ̈ܐ ܘܡܩܝܡ ܡܝ̈ܬܐ. ܡܢ ܗܠܝܢ ܠܟܠܗܝܢ ܗܠܝܢ ܕܒܐܘܪܚܗ ܟܕ ܗܟܢܐ ܡܫܬܠܡܝܢ. ܕܗ̣ܝ، ܟܕ ܗ̣ܝ، ܡܬܝܕܥܝܢ * ܡܛܠ ܡܬܒܣܪܢܘܬܐ ܘܡܬܒܪܢܫܢܘܬܐ * 53 rº b ܕܐܠܗܐ ܡܬܝܕܥܝܢ ܗܘܘ.

8 ܟܕ ܗܠܝܢ ܗܟܝܠ ܗܟܢܐ ܐܬܬܢܝ̈ܘ.. ܡܦܝܣܝܢ ܚܢܢ ܠܟܘܢ ܕܠܗܠܝܢ ܡ̇ܢ ܕܗܟܢܐ ܡܘܕܝܢ ܘܗܟܢܐ ܡܦܝܣܝܢ ܠܟܠܢܫ ܗܠܝܢ ܕܐܡܪܝܢ. ܠܐ ܬܫܒܩܘܢ ܘܠܐ ܡܪܫܐܝܬ ܬܦܪܩܘܢ. ܐܠܐ ܬܘܪܐܝܬ ܟܕ ܡܦܝܣܝܢ ܘܢܦܩܝܢ ܪܘܚܐ ܗܒܘ ܠܗܘܢ. ܠܐܝܠܝܢ ܕܝܢ ܕܠܐ ܢܣܒܝܢ ܕܗܟܢܐ ܢܛܪܘܢ ܘܢܦܝܣܘܢ ܠܟܠܢܫ. ܠܗܠܝܢ ܕܝܠܗ ܘܐܬܗܦܟܘ. ܐܝܟ ܕܗܘ ܐܝܠܝܢ ܕܬܘܒ ܡܗܝܡܢܘܬܐ ܕܬܪ̈ܝܢܬܐ ܐܬܗܦܟܘ. ܟܕ ܠܗܠܝܢ ܕܝܢ ܡܬܦܠܓܝܢ ܗ̇ܢܘܢ ܡܠܘܟܘܢ ܐܦ ܠܗ̇ܢܘܢ ܕܬܪܝܨܐܝܬ ܡܦܝܣܝܢ ܘܡܬܪܥܝܢ. ܕܠܐ ܡܕܡ ܬܘܬܪܐ ܠܫܕܝܐ ܢܘܢܘܢ. ܘܠܐ ܢܬܚܫܒܘܢ ܒܟܠܢܫ ܟܠ ܡܕܡ ܕܠܐ ܢܥܫ. ܐܦ ܠܐ ܒܟܠܢܫ ܕܐܝܟ ܗܟܢܐ ܢܬܚܫܒܘܢ. ܐܠܐ ܠܬܪܥܝܬܐ ܕܕܚܠܬ ܐܠܗܐ ܢܒܠܝܘܢ. ܐܝܠܝܢ ܓܝܪ ܕܠܘ ܗܟܢܐ ܡܬܪܝܢ. ܐܠܐ ܒܠܚܘܕ ܒܡܠܘܫܬܐ ܕܐܝܟ ܗܟܢܐ ܡܬܒܢܝܢ.

[1] Cf. *Rom.* 8, *29.* — [2] *Jn.* 11, *34.* — [3] I *Pet.* 4, 1.

ܩܠܕܗ ܡܢ ܥܠܡ ܕܐܪܬܐ ܕܪܚ̈ܩܬܐ ܚܣܝܡܐ ܚܒܝ. ܕܚܙܪ ܐܢܫܝܢ ܠܐ * * 53 vᵒ a
ܕܚܝ ܒܒܐ ܠܥܠܝ ܠܥܠܒܝ ܕܢܝܝܪܚܝܐܝ ܚܚܚܝܚܚܚ܂ * ܐܕ ܝܥܠܝ ܕܐܝܒܝܘ ܣ * 53 vᵒ b
---

¹ Cf. Hab. 2, 15; Ps. 75, 8. — ² Lege : ܚܝܘܒܚܝ.

* 27 rᵒ b

* 27 vᵒ a

¹ Lege : ܢܒܝܣܡܘܝ

* 27 vᵒ b

2

* 28 rᵒ a

¹ Mt. 27, 40; Mk. 15, 30. — ² Titus 3, 10-11. — ³ Jn. 13, 13.

ܒܕ ܡܪܐ ܠܟܝܢ ܐܝܬ ܒܕ ܢܚܬܐ ܒܬܐ ܐܝܬ * ܝܫܘܥ * ܐܠܝܐ ܠ.ܕܝ. * 28 rº b

ܘܠܐ ܒܥܪܐ ܪܚܒܬܐ. ܘܢܦܝ ܡܢ ܡܫܥ ܟܐܪܐ ܗܢ ܒ.ܚܠ. ܕܝ.ܬܝܐ ܒܪܝ ܐܕܪܐ ܚܕ ܠܚ * * 28 vº a
ܠܐ ܐܝ ܒ.ܝ, ܡܢ ܡܚ ܕܐܝܬܪ ܒܥ ܣܠܝܢ ܘܪܚܒܐ ܘܪܚܬܐ ܘܪܚܐ.ܬ ܘܪܚܘܒ * * 28 vº b

---

[1] Jn. 8, 40. — [2] Jn. 10, 33. — [3] Gen. 3, 19 ita et Pesh. — [4] Ps. 89, 48
ita et Pesh. — [5] Jn. 1, 14.

ܕܒܐܘܪܚܐ. ܘܬܪܒܝܬܐ ܕܩܘܡܬܐ ܘܡܐܟܠܐ ܘܡܫܬܝܐ ܘܡܘܬܐ ܢܬܓܒܠ. ܕܠܐ ܗܘ ܡܬܓܒܠ ܒܗܠܝܢ ܕܡܛܠ ܚܝܝܢ ܗ̈ܘ. ܢܬܓܒܠ ܠܗ ܐܦ ܒܡܐܬܝܬܗ ܕܡܛܠܬܢ. ܐܝܟ ܙܢܐ ܚܙܝ ܕܠܘ ܒܠܒܘܫܐ ܕܒܣܪܐ ܗ̇ܘܐ ܒܪ ܐܢܫܐ. ܗܟܢܐ ܐܦ ܟܕ ܗ̇ܘܐ ܒܪ ܐܢܫܐ ܙܕܩ ܗܘܐ ܕܢܗܘܐ ܠܟܠܗܘܢ ܐܝܟ ܕܕܒܢ̈ܝ ܐܢܫܐ ܐܝܬܝܗܘܢ. ܕܠܐ ܬܗܘܐ ܡܫܪܘܬܐ ܐܚܪܢܐ ܕܒܐܢܫ ܘܕܡܪܘܡܘܢ. ܒܗ̇ ܕܐܢܫ̈ܐ ܗ̈ܘܦܣܛܐ ܗ̇ܘܢ ܕܕܠܐ ܐܠܗܐ ܐܝܬܝܗܘܢ. ܙܕܩ ܗܘܐ ܬܘܒ ܕܒܗ̇ ܗܘܐ ܦܓܪܐ ܕܢܩܪܒ ܒܗ̇ ܚܒܪ̈ܘܗܝ ܕܫܪܝܪܐܝܬ ܐܠܗܐ ܗܘ. ܕܠܐ ܢܥܒܕ ܚܠܬܐ ܦܘܠܐ ܡܫܬܡܠܝܐ. ܗܘ̇ ܕܐܡܪܗ ܕܐܫܝܡ ܗܘ ܒܢܒܝܐ ܠܒܪ ܡܢ ܐܠܗܐ ܡܠܬܐ.

4 ܗܠܝܢ ܗܟܝܠ ܟܕ ܡܦܬܟܠ ܒܥܘܪܐ. ܕܥܒܪܐ ܗ̇ܘܐ ܒܐܘܪܚܐ * ܘܠܡܓܘ̈ܫܐ ܥܒܕ ܕܢܐܬܘܢ ܠܣܓܕܬܗ. ܘܟܕ ܛܠܝܐ ܗܘܐ * 29 rº a ܢܚܬ ܠܡܨܪܝܢ ܘܠܦܬܟܪ̈ܐ ܕܡܨܪܝܢ ܣܚܦ. ܘܟܕ ܫܠܡ ܠܝܠܕܐ ܡܫܬ̈ܐ ܕܡܢ ܕܚܒܠܐ ܩ̈ܛܝܠܐ ܐܘܣܝܡ. ܗܘ̇ ܐܠܗܐ ܕܗ̇ܘܐ ܒܪ ܐܢܫܐ ܡܛܠܬܢ. ܘܐܬܕܒܪܐ ܠܛܠܝܬ ܕܠܘ ܡܛܠܬܗ ܐܠܐ ܡܛܠܬܗܘܢ ܗܟܝܠ ܒܟܠ ܡܕܡ. ܕܐܝܟ ܒܢ̈ܝܫܘܗܝ, ܠܐ ܫܡܫܘܬܐ ܘܠܐ ܡܬܚܫܒܢܘܬܐ ܢܠܒܫ ܘܢܦܫܐ ܠܫܒ̈ܐ ܕܠܒܠܡ.

5 ܗܠܝܢ ܠܟ ܡܢ ܕܠܟ ܐܝܟܢܐ ܕܐܡܪܬ ܡܢ ܠܟܠ ܚܬܟܬ. ܟܕ ܠܐ ܡܕܡ ܝܬܪ ܐܘܣܦܬ ܐܘ ܒܨܪܬ. ܐܠܐ ܒܠܚܘܕ ܟܠ ܨܒܝܢܐ ܐܡ̇ܪܬ. ܕܒܗܠܝܢ ܕܐܬܓܒܠܘ ܗܠܝܢ ܡܫܬܠܐ ܒܗܘܢ ܢܬܪܪܘܢ. ܕܢܣܬܒܪܘܢ ܠܗ̇ܘ ܡܫܝܚܐ ܕܐܬܦܠܓ ܕܐܝܬܘܗܝ, ܐܠܗܐ ܫܪܝܪܐ. ܕܒܗ ܚܕܝܢ ܚܢ ܒܫܡܗ ܡܫܝܚܐ. ܐܝܟ ܕܝܢ ܫܘܒܚܐܝܬ ܐܦܝܣ ܠܚܕܘܪܐ ܕܐܝܬܝܗܘܢ ܡܗܕ̈ܐ ܫܪ̈ܬܐ. ܕܗ̇ܘ ܕܐܬܝܠܕ. ܗ̣ܘܝܘ ܐܠܗܐ ܕܥܠ ܟܠ. ܘܗ̣ܘ ܗܟܝܠ * ܚܫܐ ܘܗ̣ܘ * 29 rº b ܟܕ ܬܕܡܪ̈ܬܐ. ܘܥܒܕ ܡܢ ܠܐ ܐܬܝܕܥܬܐ ܢܐܬܘܢ ܠܐܝܕܥܬܐ ܕܫܪܪܐ. ܘܢܗܡܢܘܢ ܕܗ̇ܘ ܕܐܬܝܠܕ ܡܢ ܡܪܝܡ ܗ̣ܘܝܘ ܐܠܗܐ ܕܡܢ ܐܠܗܐ. ܗ̇ܘ ܕܐܝܬܘܗܝ, ܗܘܐ ܒܪܢܫܬ ܠܘܬ ܐܠܗܐ. ܕܒܗ ܗ̇ܘܐ ܟܠ. ܘܡܢ ܚܢܢܗ ܐܬ̣ܐ ܠܓܒܝܬܐ ܕܒܢ̈ܝ ܐܢܫܐ. ܘܗܟܝܠ ܟܠܗܘܢ ܐܝܠܝܢ ܕܬ̈ܠܬܝܢ ܒܬܪ ܝܠܕܐ ܥܕܡܐ ܠܡܘܬܐ. ܡܘܬܐ ܕܝܢ ܕܙܩܝܦܐ. ܐܝܟ ܕܐܡܪܢ ܡܢ ܠܥܠ. ܐܢ ܗ̣ܘ ܕܠܐ ܦ̈ܩܘܡ ܗܠܝܢ ܠܐܝܠܝܢ ܕܐܝܟ ܐܬܓܒܠ. ܫܦܝܪ ܗܘ ܕܬܘܒ ܢܣܘܦ

ܠܘܬ ܚܪ̈ܒܘܬܗܘܢ ܕܗ̇ܠܝܢ ܐܦ ܗܕܐ. ܕܠܐ ܐܝܟ ܗ̇ܘ
ܕܐܬܦܫܩܘ ܢܬܚܣܕܘܢ ܥܠ ܡܕܡ ܕܐܬܓܕܦܘ. ܐܠܐ ܐܝܟ ܗ̇ܢ
ܕܒܗܘܢ ܐܝܟ ܕܠܐ ܢܬܒܥܘܢ ܡܢ ܥܕܬܐ. ܥܕܬܐ ܗܝ ܓܝܪ
ܡܫܝܚܘܬܐ ܕܐܒܗ̈ܝܢ ܗ̇ܢܘܢ ܕܒܢܝܫܐ ܡܕܝܢܬܐ. ܘܩܘܦܐ
ܕܬܟܠܠ ܠܟܠܗܝܢ ܗܪ̈ܣܝܣ ܪ̈ܫܝܥܬܐ. ܡܬܢܐܬ ܕܡܢ ܕܐܪ̈ܝܘܣ
ܗ̇ܢܘܢ ܕܒܐܠܗܐ ܡܠܬܐ * ܡܓܕܦܝܢ. ܘܐܢܫܐ ܕܐܦ ܒܪܘܚܐ * 29 vº a
ܕܩܘܕܫܐ ܡܓܕܦܝܢ.

ܫܐܠ ܫܠܡܐ ܕܟܠܗܘܢ ܐܝܠܝܢ ܕܐܬܪܚܡܬ ܡܗܝܡܢܝܢ.
ܫܐ̈ܠܝܢ ܫܠܡܟ ܟܠܗܘܢ ܐܚ̈ܐ ܕܥܡܢ ܒܗ̇ ܒܗ̇ܕܝܢ ܠܡܫܝܚܘܬܟ.

ܫܠܡܬ ܐܓܪܬܐ ܕܠܘܬ ܡܩܣܝܡܐ ܦܝܠܣܘܦܐ.

[1] ܐܟ B. — [2] ܐܠܐ, B. — [3] ܘܚܝ̈ܪܐ A. — [4] ܐܡܝܪ B. — [5] ܒܠܝܘܬܐ B.
— [6] ܚ̈ܕܝܪܝ B. — [7] ܐ̈ܪܟܐ B. — [8] ܚܒܣ̈ܐ B. — [9] Ps 82, 5. —
[10] ܪܝܡ A. — [11] ܘܕܚ̈ܣܢܝܐ B. — [12] ܐ̈ܬܩܝܢ om. A. — [13] ܕܚ̈ܝܠܬܐ
A. — [14] ܘܗܘ A. — [15] Jn. 1, 14, ita et Pesh. — [16] ܪܝܡ om. B. — [17] ܚܒܣ̈ܐ
B. — [18] ܘܒܛ̈ܝܒܬ A. — [19] ܘܚ̈ܣܒܦܐ A. — [20]. ܘܠܚ̈ܣܡܕܠ A.

ܥܠܝܣܐ ܕܐܡܪ. ܕܡܢ ܚܒܪܐ ܡܪܗܘܛܐ ܡܢ ܟܠܗ ܕܣܝܪܐ [1] ܡܪܬܘܬܐ ܘܬܪ̈ܬܝܢ ܐܬܦܬܠ. ܟܕ ܝܕܥ ܐܢܬ ܕܗܦܝܟ ܗܘ [2] ܗܘ̇ ܕܕܐܝܟ ܗܟܢܐ. ܘܚܛܐ ܟܕ ܐܝܬܘܗܝ ܡܚܝܒ ܡܢ ܢܦܫܗ [3]. ܘܡܬܪܐܬ ܕܐܦ ܢܒܠܐ ܡܛܘܠ ܐܝܟ [4] ܕܕܐܝܟ ܗܠܝܢ ܐܡܪ. ܠܒܐ ܠܠܗܐ [5] ܢܟܠܠ ܘܠܒܗ ܡܪܫܥܘܬܐ ܢܬܚܫܒ [6]. ܡܛܘܠ [7] ܕܝܢ ܕܐܝܟ ܙܥܪܐ ܕܠܗܘܢ ܡܬܟܪܟܝܢ ܐܦ ܗ̇ܢܘܢ ܐܝܟ ܐܪ̈ܝܘܬܐ. ܟܕ ܬ݂ܚܝܡ ⌐ܕܠܦ ܗܘ [8] ܡܢ ܦܬܟܠܐ ܒܠܒܗܘܢ. ܡܛܠ ܗܕܐ *ܐܚܝܢܐ ܗ̇ܘܬ ܠܝ ܕܠܒܚܘܫܬܟ ܢܦܫܐ ܢܬܠܘܟ. ܕܬܘܒ ܟܕ ܢܠܦܝ ܐܚܪ̈ܢܐ ⌐ܟܕ ܫܡܠܝܘܬܟ [9] ܬܘܒ ܡܬܪܐܬ ܢܓܕܠܘ ܠܗܝܡܢܘܬ ܡ̈ܠܐ ܕܗ̇ܢܘܢ. *B 104 rº b

3 ܠܘ ܠܒܪܢܫܐ ܦܓܪܢܝ ܣܡ [10]. ܠܐ ܬܗܘܐ. ܕܒܟܬܒ̈ܐ ܓܝܪ ܘܕܐܪ̈ܝܢܘ ܐܝܬܝܗ̇ ܬܫܒܘܚܬܐ ܕܕܐܝܟ ܗܕܐ. ܐܠܐ ܠܒܪܐ ܕܒܪܢܫܐ [11] ܕܐܬܒܣܪ ܠܡܠܬܐ ܕܐܠܗܐ ܦܓܪܢܝ ܣܡ [12]. *ܐܦ ܒܪ ܘܒܣܪܐ ܒܗ ܘܠܗ ܡܢܬܐ ܐܝܬܘܗ̈ܝ ܕܒܪܢܫܐ. ܐܠܐ ܕܐܠܗܐ ܗ̇ܘܐ ܦܓܪܐ. ܘܠܐ ܠܗܢܐ ܦܓܪܐ ܟܕ ܦܪܫܝܢ ܡܢ ܡܠܬܐ ܡܒܝܢ ܘܠܗ ܦܓܪܢܝ ܣܡ [13]. ܘܠܐ ܟܕ ܬܚܝܡ ܣܡ [14] ܕܢܦܓܪܘܗ. ܠܡܠܬܐ ܡܪܟܫ ܣܡ [15] ܠܗ ܡܢ ܒܦܓܪܗ. ܐܠܐ ܟܕ ܬ̇ܕܚܝܡ ܣܡ [16] ܐܝܟ ܕܦܕܚܡ ܐܡܪܝܢ ܗ̇ܝ ܕܡܠܬܐ ܒܦܓܪܐ *ܗ̇ܘܐ [17]. ܠܗܢܐ ܐܦ ܟܕ ܒܒܣܪܐ ܗ̇ܘܐ ܐܠܗܐ ܬ̇ܕܚܝܡ ܣܡ. ⌐ܡܢ ܗܘ [18] ܡܚܝܠ ܕܕܐܝܟ [19] ܗܟܢܐ ܐܝܬܘܗܝ, ܗܟܝܠ ܐܝܟܢܐ ܕܢܐܡܪ ܠܡܒܪܐ. ܐܪܝܡ ܡܢ ܦܓܪܐ ܕܐܬܒܣܪ ܠܝ. ܐܘ ⌐ܡܢ ܗܘ [20] ܕܗܟܢܐ ܐܝܬܘܗܝ, ܪܫܝܥܐ. ܐܝܟܢܐ ܕܡܢ ܡܫܘܕܥܐ ܕܠܐ ܗܘܢܐ [21] ܢܐܡܪ ܠܗ ܡܡܠܠ [22] ܦܓܪܐ. ܡܛܠ ܡܒܢܐ ܐܢܬ ܟܕ ܒܪܢܫܐ ܐܝܬܝܟ. ܥܒܕ ܐܢܬ ܢܦܫܟ ܐܠܗܐ [23]. *A 7 vº b *B 104 vº a

ܐܠܐ ܠܘ ܕܕܐܝܟ [24] ܗܟܢܐ ܗܘ̇ ܒܪܢܫܐ. ܦܓܪ ܗܘܐ ܒܪ

[1] ܣܝܪܐ B. — [2] ܗܘ *om.* A. — [3] *Tit.* 3, *10-11.* — [4] ܐܝܟ *om.* A. — [5] ܠܐܠܗܐ A. — [6] *Is.* 32, *6.* — [7] ܡܛܠ B. — [8] ܕܠܒܗܘܢ B. — [9] ܕܒܫܡܠܝܘܬܟ A. — [10] ܦܓܪܢܝ B. — [11] ܕܒܪܢܫܐ A. — [12] ܦܓܪܢܝ B. — [13] ܦܓܪܢܝ B. — [14] ܬܚܝܡ B. — [15] ܡܪܟܫ B. — [16] ܬ̇ܕܚܝܡ B. — [17] *Jn.* 1, *14*, ita et Pesh. — [18] ܡܚܘ B. — [19] ܘܕܐܝܟ A. — [20] ܡܚܘ B. — [21] ܗܘܢܐ *om.* B. — [22] ܡܛܠ B. — [23] Cf. *Jn.* 10, *33.* — [24] ܕܐܝܟ A.

ܠܐܠܗܐ ܟܕ ܒܦܓܪܐ ܗ̇ܘܐ. ܘܢܩܕ ܗܘܐ ܕܐܠܗܐ ܗܘܐ[1]
ܟܕ ܐܡ̇ܪ. ܡܪܝܐ ܐܢ ܨܒܐ ܐܢܬ * ܡܫܟܚ ܐܢܬ ܕܬܕܟܝܢܝ.[2] * A 8 rº a
ܘܠܐ ܡܛܠ ܒܣܪܐ ܠܡܠܬܐ ܕܐܠܗܐ ܒܪܝܬܐ ܐܣܒܪ ܕܐܝܬܘܗܝ.
ܘܠܐ ܡܛܠܬ[3] ܗ̇ܝ[4] ܕܐܝܬܘܗܝ ܡܠܬܐ ܒܒܣܪܐ * ܕܟܠܗ̇ ܒܪܝܬܐ. * B 104 vº b
ܫܐܛ ܠܒܣܪܐ ܗ̇ܘ ܕܠܒܝܫ ܗܘܐ. ˥ܐܠܐ ܐܝܟ ܕܠܡܫܒܚܐ ܒܪܝܐ
ܠܒܪܘܝܐ ܕܟܠ ܗ̇ܘܐ ܗܘܐ ܘܡܬܕܒܪܢܐ ܗܘܐ.[5] ܗܟܢܐ ܐܦ
ܐܢܬܬܐ ܗ̇ܝ ܕܪܕܐ ܗܘܐ ܕܡܗ̇[6]. ܟܕ ܡܬܒܣܝܢܬ ܘܓܫܬ ܒܟܢܦܐ
ܕܡܪܛܘܛܗ ܒܠܚܘܕ ܐܬܐܣܝܬ. ܘܡܟܐ ܗ̇ܝ ܕܫܪܝܪܬ ܗܘܐ
ܒܓܠܠܐ. ܫܡܥ ܠܡܠܬܐ ܕܐܬܟܣܪ ܘܐܬܬܢܝܚ[7] ܡܢ ܙܥܘܥܐ.
ܗܟܝܠ ܚܢܢ ܗ̇ܘ ܕܡܢ ܒܪܘܦ ܐܡܗ ܒܪܘܡܐ ܕܒܣܪܐ ܐܬܐܡܪ
ܡܢ ܡܠܬܐ. ܘܗ̇ܘ ܕܐܝܟ ܕܒܪܐ ܘܫܬܝ ܥܛܫܢܐ. ܒܒܪ ܚܢܢ[8] ܘܗܕܪܐ
ܐܦ ܠܗܠܝܢ ܕܫܡܝܢ ܬܚܡܝ ܐܚܒܠܬ. ܕܐܦ ܟܕ ˥ܟܠܗܘܢ ܕܡ̈ܠܒܫܐ[9]
ܬܠܐ ܗܘܐ ܡܪܝܐ. ܕܠܗ ܗܘܐ ܚܢܢ ܦܓܪܐ ܘܒܗ ܗܘܐ ܡܠܬܐ.
*ܡܫܡܫܐ ܡܢ ܣܒܝܢ ܐܪܒܥܐ ܕܡܢ ܙܒܢܬ. ܘܫܡ̈ܫܐ ܐܣܛܪܘ ܘܐܦ * B 105 rº a
ܬܪܥܐ ܕܗܝܟܠܐ ܐܣܛܪܝ. ܘܦܓܪܐ ܩ̈ܒܘܪܐ ܕܐܢܫܝܢ[10] ܕܩܕܡܘ
ܥܡܗܘܢ ܩܡܘ.

4 ܟܕ ܗܟܝܠ ܕܝܢ ܗ̇ܘ̇ܝ ܘܠܐ ܐܢܫ * ܐܬܢܟܪ[11] ܗ̇ܝ ܕܐܢ * A 8 rº b
ܙܕܩ ܕܢܬܦܫܩ[12] ܠܡܠܬܐ ܕܐܬܒܣܪ. ܐܝܟ ܙܢܐ ܕܗܢܐ ܐܪܝܘܣ
ܡܓܢܣܝܢ. ܐܠܐ ܘܟܕ ܒܪ ܐܢܫܐ ܚܙܝܢ ܗܘܘ[13] ܠܗ. ܢܕܥܝܢ ܗܘܘ
ܠܗ ܕܐܝܬܘܗܝ ܒܥܒܕܘܗܝ. ܘܟܕ ܒܪܬ ܩܠܐ ܐܢܫܬܐ ܫܡܥܝܢ
ܗܘܘ. ܠܐ ܐܡܪܝܢ ܗܘܘ ܡܛܠ ܐܢܫܘܬܐ ܕܡܠܬܐ ܒܪܝܬܐ
ܐܝܬܘܗܝ. ܐܠܐ ܘܡܬܪܐܝܬ ܙܠܝܡ ܗܘܘ. ܘܠܐ ܡܕܡ ܒܙܢ
ܢܕܥܝܢ ܗܘܘ ܐܠܐ ܕܡܢ ܥܒܕܘܗܝ ܡܫܡܥܐ ܡܛܠܠ[14] ܗܘܐ. ܐܚܪܢܐ
ܡܒܠ ܗܠܝܢ ܕܫܡܥܐ ܠܐ * ܕܢܠܡ. ܕܠܐ ܥܠ ܕܠܐ ܕܝܢ ܕܐܠܗܐ * B 105 rº b
ܢܗܘܐ ܐܢܬ ܠܗܘܢ ܒܐܝܕܝܟܐ[15]. ܢܬܠܒܘܢ ܠܗܘܢܐ
ܡܫܠܡܐ ܕܢܒܥܘܢ ܐܝܠܝܢ ܕܠܐ ܙܕܩ[16]. ܠܘ ܚܢܢ ܠܒܪܝܬܐ
ܦܓܪܐ ܒܪܝܬܐ. ܘܠܐ ܬܘܒ ܡܛܠܬ[17] ܒܣܪܐ ܡܫܬܐܠܐ

[1] ܘܗ A. — [2] *Mt.* 8, *2*; *Mk.* 1, *40*; *Lk.* 5, 12. — [3] ܡܛܠ B. — [4] ܗ̇ܝ *om.* B. — [5] ܐܠܐ.. ܗܘܐ *om.* A. — [6] ܕܕܡܗ A. — [7] ܐܬܬܢܝܚ A. — [8] ܚܢܢ *om.* B. — [9] ܥܠ ܡ̈ܠܒܫܐ A. — [10] ܐܢܫܝܢ B. — [11] ܐܬܢܟܪܘ B. — [12] ܢܬܦܫܩ B. — [13] ܗܘܘ *om.* B. — [14] ܡܛܠ B. — [15] ܒܐܝܕܝܟܐ B. — [16] Cf. *Rom.* 1, *28*. — [17] ܡܛܠ B.

ܕܠܒܪܗ̇ ܬܫܡܫܘܢ܂ ܐܠܐ ܠܥܒܕܗ̇ ܫܪܝܐ ܗܘܬ ܒܦܓܪܐ. ܘܡܫܡܫܢܐ ܕܒܫܡ ܡܫܝܚܐ ܟܠ ¹ ܒܘܪܟ ܟܦܐ ܗܘܬ ܘܟܦܐ ܕܝܢ. ܕܫ̈ܡܝܢܐ ܘܕܐܪ̈ܥܢܝܐ ܘܕܠܬܚܬ ܡܢ ܐܪܥܐ. ܘܟܠ ܠܫܢ ² ܡܘܕܐ ܕܡܪܝܐ * ܗܘ ܝܫܘܥ ܡܫܝܚܐ ܠܫܘܒܚܐ ܕܐܠܗܐ ܐܒܐ.³ ܐܦ * A 8 vº a
ܠܐܪ̈ܝܘܣ ܠܐ ܫܦܪܐ.

ܠܘ ܣܓܝ ܠܐ ܡܣܬܟܠܢܘܬܐ ܐܝܬ، ܦܓܪܐ ܠܡܠܬܐ. ܠܐ ܬܗܘܐ. ܐܠܐ ܬܬܐܪܝܬ ܗܘ̣ * ܡܫܬܒܚ ܡܢܗ. ܐܦ ܠܐ ܕܝܢ * B 105 vº a
ܡܛܠ ܕܕܡܘܬܐ ܕܥܒܕܐ ܢܣܒ ܒܪܐ ܗܘ̇ ܕܒܕܡܘܬܐ ܕܐܠܗܐ ܐܝܬܘܗܝ، ܐܬܒܨܪ ܡܢ ܐܠܗܘܬܐ. ܐܠܐ ܬܬܐܪܝܬ ܗܘ̣ ܗܘܐ ܡܫܪܪܐ ܕܟܠܗ̇ ܒܣܪܐ ⁴ ܘܕܟܠܗ̇ ܒܪܝܬܐ. ܘܐܦ ܐܠܗܐ ܕܝܢ ܥܕܪ ܠܒܪܗ ܘܗ̣ܘܐ ܡܢ ܐܢܫܘܬܐ. ܠܘ ܒܡܫܪܝܐ ܡܬܡܢܝܬܐ ܠܗ ܣܒܪܢܐ. ܐܠܐ ܬܬܐܪܝܬ ܘܦܠܚܬ ܥܒܕܘܬܐ ܘܦܠܚܘܬܐ ܪܒܬܐ. ܗܘܐ ܓܝܪ ܒܪܝܫܐ ܐܝܟܢܐ ܕܠܡ ܒܗ ܢܐܠܗ. ܘܗܘ̣ܐ ܡܢ ܐܢܬܬܐ ܘܐܬܝܠܕ. ܡܢ ܒܬܘܠܬܐ ܕܠܝܠܕܐ ⁵ ܕܠܡ ܕܦܓܪܐ ܟܠܗܘܢ، ܢܒܕܐ.. ܘܢܗܘܐ ܡܛܠ ܚܛܗܐ ܘܕܝܢܐ ܘܡܫܬܒܩܬܐ ܕܒܢܝܢܐ ܐܠܗܝܐ.⁶ ܐܝܟܢܐ ܕܢܗܘܐ ܠܟܠܢܐ ܦܓܪܘܗܝ. ܘܠܐ * ܡܬܡܟܢܘܬܐ ܕܝܢ ܕܒܡܗܘܝܐ ܕܒܗ̇ ܒܪܢܫܗ ⁷ ܗܘܐ ܡܛܠ * B 105 vº b
ܒܣܪܐ. * ܐܠܗܐ ܒܕ. ܠܒܪܗ ܥܕܪ ܒܕܡܘܬܐ ܕܒܣܪܐ ܕܚܛܝܬܐ. * A 8 vº b
ܐܦ ܡܛܠ ܚܛܝܬܐ ܚܝܒܗ̇ ܠܚܛܝܬܐ ܒܒܣܪܐ.⁸

5 ܒܣܪܐ ܗܘܠ ܕܐܬܢܣܒ ܡܢ ܡܠܬܐ ܕܠܟܠܗܘܢ ܒܢ̈ܝ ܐܢܫܐ ܚܕܪ. ܘܠܟܠܗܘܢ ܢܩܒ ܡܢ ܡܘܬܐ ܘܠܟܠܗܘܢ ܢܦܪܘܩ ܡܢ ܚܛܝܬܐ. ܐܝܟܢܐ ܗܘܐ ܡܛܠ ܗ̇ܢܘܢ ⁹ ܕܠܗܘܢܐ ܡܩܠܩܠ. ܗ̇ܢܘܢ ܕܡܛܠ ܗܢܐ ܐܝܟ ܚܒܪܐ ܘܒܪܝܬܐ ¹⁰ ܡܦܪܫܝܢ ܠܗ ܠܒܪܐ ܕܐܠܗܐ. ܠܘ ܡܠ̈ܩܐ ܡܬܦܣܝܢ ܘܕܓܫܝܢ ܠܟܠܗ̇ ܗܝܡܢܘܬܐ ܐܬܪܝܗܘܢ. ܟܠܝܘܕ ܓܝܪ ¹¹ ܐܠܐ ܕܠܐ ܦܚܡ ܠܐܠܗܐ ܒܕ. ܐܡܪܝܢ. ܕܠܐ ܬܥܕܪ ܠܚܫܝܐ ܒܪܘܟ ܒܒܣܪ. * ܠܐ ܬܚܒܕܘܢܗ، * B 106 rº a
ܕܢܣܒ ܦܓܪܐ ܡܢ ܒܬܘܠܬܐ ܕܠܐ ܢܦܪܘܩ ܡܢ ܡܘܬܐ ܘܚܛܝܬܐ. ܠܐ ܒܣܝܡ ܠܗ ܕܢܗܘܐ ܒܦܓܪ. ܕܠܐ ܡܘܬܐ ܕܚܠܦܝܢ ܢܩܒܠ.

¹ ܒܠ B. — ² ܠܫܢܐ B. — ³ *Philipp.* 2, *10-11.* — ⁴ ܕܟܠܗ̇ ܕܒܣܪܐ A. — ⁵ ܕܝܠܕܐ B. — ⁶ Cf. II *Pet.* 1, *4.* — ⁷ ܒܪܢܫܗ̇ B. — ⁸ *Rom.* 8, 3. — ⁹ ܕܗܢܘܢ B. — ¹⁰ ܕܒܪܝܬܐ B. — ¹¹ ܕܝܢ B.

ܠܐ ܢܓܥܘܢ ܕܒܠܒܫܬܐ ܢܗܘܐ ܒܣܪܐ. ܐܝܟܢܐ ܕܠܐ ܒܗܘܢܐ ܢܗܘܐ ܠܗ ܡܥܒܕܢܐ ܠܐܘܪܚܐ ܕܠܘܬܟ ܘܢܓܕܪ ܒܐܘ̈ܡܢܐ ܕܫܒܝܚܐ [1]. ܢܬܬܚܙܘܢ ܬܪ̈ܝܢܐ ܕܫܒܝܚܐ ܐܝܟܢܐ ܕܠܐ * ܟܕ * A 9 rº a
ܐܦ̈ܩ [2] ܬܪܝܢܐ ܕܒܗܘܪܗ ܐܘܪܚܐ ܕܒܫܒܝܚܐ [3] ܢܚܙܬ ܠܟ ܡܠܬܟ. ܗܠܝܢ ܓܝܪ ܗܒܠ ܒܬܪ ܩܠܐ ܕܢܦܫܘܢ [4] ܕܒܝܬ ܡܪܘܫܬܐ ܣܦܠܬܐ ܐܬܬܗܘܢ ܕܢܦܩܝ. ܟܕ ܗ̇ܝ ܕܫܒܚܬܐ [5] ܕܒܫܬܐ ܐܫܒܚܘܗ [6] ܠܦܫܥܘܗܝ. ܗܠܝܢ ܕܝܢ ܕܠܐ ܢܓܥܘܢ [7] ܕܢܦܓܥܘܢ * ܠܡܠܬܐ ܟܕ * B 106 rº b
ܗ̇ܘܐ ܒܣܪܐ ܚܙܝܢ ܒܡܬܒܪܢܘܬܗ. ܘܗܠܝܢ ܕܡ̈ܫܠܡܝܢ ܠܡܠܬܐ ܡܢ ܒܣܪܐ. ܘܠܐ ܚܕ ܦܘܪܫܢܐ ܕܡܢ ܣܓܝܬܐ. ܘܠܐ ܪܘܚܐ ܕܡܢ ܡܠܬܐ ܡܫܒܚܝܢ ܕܗ̇ܘܐ. ܐܝܟܢܐ [8] ܕܝܢ ܗܠܝܢ ܕܫ̈ܒܚܐ ܡܢܗ ܘܠܗ [9] ܗܘ ܢܒܣܘܢܗ [10] ܠܒܣܪܐ ܗ̇ܘ ܕܫܡܠ ܦܪܘܩ. ܐܝܟܢܐ ܕܐܦ ܢܬܪܥܘܢ ܠܒܐܡܪ. ܕܝܢ ܠܐ ܡܫܬܕܝܢ ܗܝ [11] ܠܪܘܚܐ ܒܗ ܒܣܪܐ. ܐܠܐ ܦܪܫܝܢ ܠܦܫܥܐ ܘܠܗܘܢܐ ܒܠܚܘܕ ܦܠܚܝܢ [12]. ܠܦܘܠܘܣ ܗܒܠ ܐܣܦܣܘܣ [13] ܐܦ ܒܫܒܚܐ ܚܕܐ ܠܪܘܚܐ ܟܕ ܩܐܡ ܡܢ ܡܢܝܐ. ܬܠܡ̈ܝܕܐ ܕܝܢ ܐܚܪܝܢ ܗܘܘ ܠܬܠܡ̈ܝܕܐ. ܕܗܠܝܢܐ [14] ܢܐܬܐ ܐܝܟ ܡܢܐ * ܕܢܬܬܘܣܦܘܢ [15] * B 106 vº a
ܕܐܙܠ ܠܫܡܝܐ [16]. ܘܗ̇ܘ ܕܝܢ ܡܪܝܐ ܐܡܪ ܟܕ ܒܥܐܡ * ܠܐܒܐ. * A 9 rº b
ܕܢܓܒܐ [17] ܐܢܐ ܕܐܝܟܢܐ ܕܐܢܬ، ܐܢܐ ܐܦ ܗ̇ܢܘܢ ܟܠ ܚܕ ܒܡܟ ܢܗܘܘܢ [18]. ܘܗܫܐ ܐܢ [19] ܠܐ ܡܬܦܪܫܢܐ ܐܢܬܘܢ، ܒܣܪܐ ܡܢ ܡܠܬܐ. ܐܝܟܢܐ ܠܐ ܚ̇ܠܝܦ ܠܗܠܝܢ ܕܢܦܩܘܢ ܠܦܫܥܬܐ. ܘܢܬܚܙܘܢ ܡܛܠ ܠܐܒܐ [20] ܒܫܡܗ ܕܫܡܥ ܡܫܝܚܐ ܡܢ ܚܙܝܢ. ܐܘ ܟܕ ܠܐ ܡܬܚܙܝܢ ܘܠܐ ܦܠܚܝܢ ܠܡܠܬܐ ܕܗ̇ܘܐ ܒܣܪܐ. ܡܢ ܒܠܕܘܟ ܢܬܚܙܘܢ ܠܒܪ ܘܠܐ ܡܛܠ ܒܗ ܒܪ̈ܫܦܢܐ ܢܬܒܢܘܢ. ܐܠܐ ܐܘ ܒܗ ܒܚ̈ܡܝܐ ܐܘ ܒܗ ܢܘ̈ܕܝܐ ܗܠܝܢ ܕܗܟܢܐ.

[1] ܕܫܘܒܚܐ A. — [2] ܐܦ̈ܩ *om.* A. — [3] ܕܫܒܚܐ A. — [4] ܕܠܗܘܢ B. — [5] ܕܫܒܝܚܐ B. — [6] ܕܐܫܒܚܘܗ B. — [7] ܒܥܝܢ B. — [8] ܐܝܟܢܐ A. — [9] ܒܗܠܝܢ A. — [10] ܢܒܣܘܢܗܝ B. — [11] ܡܫܬܕܝܢ B. — [12] ܦܠܚܝܢ ܚܝ B. — [13] ܣܦܣܘܣ A. — [14] ܗܠܝܢܐ A. — [15] ܕܢܬܬܘܣܦܘܢ A. — [16] *Acts* 1, *11.* — [17] ܢܒܝܐ A. — [18] *Jn.* 17, *24.* — [19] ܐܢ *om.* B. — [20] ܠܐܒܐ *om.* A.

6 ܟ̈ܬܒܐ ܕܝܠܗܘܢ ܕܡܢ ܡܕܝܢܬܐ ܐܝܟ ܐܢܫ ܕܡܩܕܡ ¹

*B 106 v° b

*A 9 v° a

*B 107 r° a

*B 107 r° b
*A 9 v° b

¹ + ܗܘ B. — ² ܘܡܬܒܣܡܐ B. — ³ ܪܚܡ.. om. A. — ⁴ Cf. *Ps.*
43, 3. — ⁵ *Is.* 7, 14; *Mt.* 1, 23. — ⁶ ܘܐܪܙܐ B. — ⁷ I *Pet.* 4, 1. — ⁸ + ܠܗ
B. — ⁹ ܘܛܒܥܐ B. — ¹⁰ ܘܕܐܝܠܝܢ A. — ¹¹ ܘܪܐ om. B. — ¹² ܐܝܠܝܢ
A. — ¹³ *Tit.* 2, 13-14. — ¹⁴ ܠܚܡܠܟܘܢ B. — ¹⁵ ܕܒܬܘܠܐ A. —
¹⁶ ܠܐܠܝ A.

* B 107 v° a

10 ܠܟܬܝܒܕ، ܘܩܛܢܝ ܦܝܟܝܕ ـ ܘܣܘܛܝܐ ܟܪ̈ܨܬܐ، ܡ̣ܢ ܟܕ ܡܝ̈ܫܐ
* A 10 r° a

* B 107 v° b

* A 10 r° b

25 ܠܐ15 ـ ܘܐܝ̣ܟ̈ܝܘܪܐ ܘܡܣܚܠܐ ܗܘܐ ܘܕܟܬ̈ܠܐ ܩܒ̈ܘܠܐ

* B 108 r° a

---

1 ܟܪܒ B. — 2 ܟܣܝܘ̈ܒ B. — 3 Cf. *Num.* 15, 30. — 4 ܝܚܠ B. —
5 ܟܥܓ B. — 6 ܚܠܠ A. — 7 ܗܕ. A. — 8 ܗܪ̈ܟܕܬܐ B. Cf. *Mt.* 24, 2. —
9 ܡܛܠܠ B. — 10 ܟܣܝܘ̈ܒ ܗܘܘ ܐܝܟ̈ܘ ܟܣܠܡܝ ܠܟܬܝܒܠ B. — 11 ܠܐ A. —
12 ܗܢ A. — 13 ܗ̇ܝ *om.* B. — 14 ܟܘܝܕܐ B. — 15 ـܘܐܝ̣ܟ̈ܝܘܪܐ B.

ܠܠܒܪ ܡܢ ܡ̈ܠܬܐ. ܘܬܘܒ ܒܗ̇ ⌜ܐܡ̈ܪܐ ܡܬܘܡ[1] ܥܠ ܝܠܕܬܐ ܠܐܒܪܗܡ ܡ̇ܢ ܕܫܘܠܛܢܐ ܕܐܡܪ. ܠܗܘܢܐ ܕܗܘܫܐ ܡ̇ܚܒܒ. ܒܒܢܝܢܗ̇ ܕܠܐ ܡܬܦܫܩܘܬܐ ܐܘܪܚ. ܐܘܪܚܐ ܕܝܢ ܕܝܠܗ ܕܠܥܠܡܐ ܕܚܝܬܐ ܚ̇ܕܐ ܗܘܐ.

8 ܡܕܡ ܗ̇ܘ ܕܠܗܡܝܟܐ ܡܙܕܒܢ ܠܒܪܢܫܐ ܗ̇ܘ ܕܒܗܡܝܟܐ ܡܙܕܒܢ. ⌜ܘܗ̇ܘ ܕܢܦܘܫ ܠܡܠܬܐ[2] ܡܢ ܦܓܪܐ ܓܠܝܠ ܠܦܬܟܪܘܬܐ[3] ܕܐܬܡܗܝܢ ܠܝ ܒܗ. ܘܐܝܟܢܐ ܕܝܢ ܐ̈ܢܫܝܢ[4] ܡܢ ܒܗܠ. ܠܐ[5] ܡܛܠ ܕܦܓܪܐ ܒܪܬܐ ܐܝܬܘܗܝ ܢܣܒܪܘܢ ⌜ܕܐܦ ܡܠܬܐ ܒܪܬܐ[6] ܐܝܬܘܗܝ. ܘܠܐ ܡܛܠ ܕܠܐ ܐܝܬܘܗܝ ܡܠܬܐ ܒܪܬܐ ܢܣܒܠܘܢ ܡܪܝܐ[7] ܕܦܓܪܗ. ܠܡܬܕܟܪܘ ܚܢܢ ܐܝܬ ܒܒܝܫܘܬ * ܬܪܥܝܬܗܘܢ. *A 10 vº a
ܕܒܗܠ[8] ܡܕܡ ܡܩܘܡ * ܘܫܒܝܚ. ܘܡ̈ܠܠܬܐ ܡܥܒܕܢ ܕܟܠܝܘܢ *B 108 rº b
ܠܒܪܢܫܐ ܒܗܘ ܒܪܬܐ[9] ܢܣܒܘܢ. ܐܠܐ ܢܥܒܕܘܢ ܕܐ ܒܪܬܐ ܗܘ ܡܠܬܐ. ܠܐ ܢܦܩ ܗܘܐ ܠܦܓܪܐ ܒܪܢܫܐ ܕܠܗܘܢܐ ܚܢܢܐ. ܐܢܫܐ ܓܝܪ ܒܗܘܕܝܐ ܢܗܘܐ[10] ܠܒܪܬܐ ܡܢ ܒܪܬܐ ܒܗ ܗܘܝܐ ܐܦ ܗ, ܠܦܘܪܩܢܐ. ܐܠܐ ܡܛܠ ܕܒܗ ܒܪܢܫܐ[11] ܐܝܬܘܗܝ, ܡܠܬܐ ܗ̇ܘ ܗ̇ܘ ܒܒܪܐ ܕܒܪ̈ܬܐ. ܡܛܠ[12] ܗܕܐ ܒܥܠܡܐ ܕܒܠܒܐ ܗ̇ܘ[13] ܠܒܪ ܠܒܪܢܫܐ. ܕܬܘܒ ܗ̇ܘ ܐܝܟ ܒܪܢܫܐ ܢܥܒܕ ܕܡܢ[14] ܕܐܙ ܢܚܬ ܘܢܦܩܐ ܠܗܘܢܐ. ܒܪܬܐ ܕܝܢ ܡܢ ܒܪܬܐ ܠܐ ܡܬܘܡ ܐܬܦܪܩܬ. ܐܡܟܢܐ ܕܐܦ ܠܐ ܡܢ ܒܪܬܐ ܐܬܒܪܝ, ܒܪ̈ܬܐ. ܐܠܘ ܠܐ ܐܝܬܘܗܝ, * ܗܘܐ ܡܠܬܐ ܒܪܢܫܐ. *B 108 vº a

ܡܕܡ ܠܐ ܢܓܠܘܢ ܐܝܟ ܠܡܬܒܥܐ ܐܠܗܘܬܐ ܘܠܐ ܢܬܠܘܢ ܠܐܠܗܝܢ ܕܦܫܝܛܝܢ ܒܐܝܕܐ. ܐܠܐ ܐܝܟ ܬܡ ܙܕܩܝܢ ܢܓܒܘܢ ܢܕܒܘܢ ܐܦ ܗ̇ܢܘܢ. ܘܠܐ * ܬܘܒ ܢܠܫܘܢ ܠܒܪܬܐ ܣܠܩ *A 10 vº b
ܐܠܗܐ ܒܪܢܫܐ ܕܒܠ. ܐܝܟ ܕܝܢ ܒܪܫܝܡܘܬܗܘܢ ܙܕܩܝܢ ܕܒܬܪܘܢ. ܠܣܕܪܝܗܘܢ ܗܠܝܢ ܢܦܠܘܢ ܘܢܫܪܘܢ ܥܢܝܗܘܢ ܒܕܡܘܬ ܐܒܗܘܢ ܐܝܟ ܡܪܝܐ. ܕܗܝܡܢܘܬܐ ܕܒܕܬܐ ܡܬܠܒܫܐ ܒܪܢܫܐ ܕܒܠ ⌜ܘܡܒܥܕܪܢܐ ܢܒܥܐ ܠܗ[15] ܠܡܠܬܐ

[1] ܡܬܘܡܝܢ A. — [2] ܗܘ ܕܢܦܘܫ ܡܠܬܐ B. — [3] ܦܬܟܪܘܬܐ B. — [4] ܐܢ̈ܫܝ A. — [5] ܠܐ om. B. — [6] ܕܡܠܬܐ B. — [7] ܡܪܝܐ A. — [8] ܕܒܠ B. — [9] ܒܪܬܐ B. — [10] ܗܘܐ A. — [11] ܕܒܪܢܫܐ B. — [12] ܡܛܠ A. — [13] ܗ̇ܘ om. B. — [14] ܡܢ B. — [15] ܘܡܒܥܕܪܢܐ post ܠܗ A.

ܐܠܗܐ. ܘܝܕܥܝܢ ܚܢܢ [1] ܕܒܪܫܝܬ ܦܢ ܐܝܬܘܗܝ ܗܘܐ ܡܠܬܐ. ܘܡܠܬܐ
ܐܝܬܘܗܝ ܗܘܐ ܠܘܬ ܐܠܗܐ [2]. ܟܕ ܗ̇ܘܐ ܕܝܢ * ܐܦ ܒܪ ܐܢܫܐ * B 108 vº b
ܡܛܠ ܦܘܪܩܢ ܣܓܕܝܢ ܚܢܢ [3]. ܠܘ ܐܝܟ ܕܠܫܘܝܐ [4] ܕܦܓܪܐ ܫܘܝܐ
ܗ̇ܘܐ. ܐܠܐ ܐܝܟ ܕܠܡܪܐ [5] ܕܢܣܒ ܕܡܘܬܐ ܕܥܒܕܐ. ܘܥܒܘܕܐ [6]
ܘܒܪܘܝܐ ܕܗ̇ܘܐ ܒܒܪܝܬܐ [7]. ܐܝܟܢܐ ܕܟܕ ܒܗ ܚܪܪ [8] ܠܟܠܗ
ܥܠܡܐ ܢܩܪܒ ܠܐܒܐ. ܘܢܫܝܢ ܟܠܗܘܢ ܕܒܫܡܝܐ ܘܕܒܐܪܥܐ [9].
ܗܟܢܐ ܓܝܪ ܘܠܐܠܗܘܬܗ ܐܒܗܝܬܐ ܡܫܬܘܕܥܝܢ ܚܢܢ [10]
ܘܠܡܐܬܝܬܗ ܕܒܒܣܪ ܣܓܕܝܢ ܚܢܢ [11]. ܐܦܢ ܐܪ̈ܝܘܡܢܝܛܐ [12] ܢܨܪܘܢ
ܢܦܫܗܘܢ.

ܫܐܠ ܫܠܡܐ ܕܟܠܗܘܢ ܡܗ̈ܝܡܢܘܗܝ ܕܡܪܢ ܢܫܘܒ ܒܡܫܝܚܐ [13].

ܫܠܡܬ [14]

[1] ܝܕܥܝܢ A. — [2] *Jn.* 1, *1.* — [3] ܣܓܕܝܢ A. — [4] ܫܘܝܐ A. — [5] ܠܡܪܢܐ B. — [6] ܘܥܒܘܕܐ *om.* B. — [7] ܘܒܪܝܬܐ B. — [8] ܚܪܪ A. — [9] ܘܒܐܪܥܐ A. — [10] ܡܫܬܘܕܥܝܢ A. — [11] ܣܓܕܝܢ A. — [12] ܐܪ̈ܝܘܡܢܝܛܐ A. — [13] + ܠܟܠܟܘܢ. ܐܡܝܢ. B. — [14] ܫܠܡ B.

INDEX OF BIBLICAL QUOTATIONS

The numbering of the Peshitta has been followed. Direct quotations are marked with an asterisk, and when they agree exactly with the Peshitta text this has been indicated in the notes. References are to the pages of the Syriac text.

INDEX OF GREEK WORDS

ܐܐܪ (ἀήρ) : 50, *2*.

ܐܘܢܓܠܝܘܢ (εὐαγγέλιον) : 1, *2*, *4*, *17*; 11, *17*; 15, *20*; 35, *15*.

ܐܘܢܓܠܣܛܐ (εὐαγγελιστής) : 10, *12*.

ܐܘܣܝܐ (οὐσία) : 20, *2*, *5*, *10*, *12*; 22, *3*, *6*; 23, *21*; 24, *13*, *15*; 25, *3*, *20*, *21*, *23*, *26*; 26, *3*, *7*, *11*, *13*; 27, *11*; 31, *19*; 33, *3*, *22*, *28* : ܐܘܣ̈ܝܣ : 33, *6*; ܒܪ ܐܘܣܝܐ : 21, *4*; 22, *8*, *26*; 23, *11*, *17*, *21*; 25, *24*; 26, *15*, *19*; 27, *3*, *11*, *12*, *16*, *17*, *18*, *20*; 33, *20*; 34, *3*, *9*; ܒܬܪ ܐܘܣܝܐ (μετουσία !) : 25, *26*.

ܐܘܪܓܢܘܢ (ὄργανον) : 49, *25*.

ܐܘܟܠܘܣ (ὄχλος) : 28, *16*.

ܐܟܣܢܝܐ (ξένος) : 33, *3*, *22*; 34, *6*; 36, *5*.

ܐܢܢܩܐ (ἀνάγκη) : 41, *6*; 44, 7.

ܐܢܩܘܩܠܝܘܢ (ἐγκύκλιον) : 30, *1*; 36, *25*.

ܐܣܟܡܐ (σχῆμα) : 6, *2*; ܐܣܟܡ̈ܐ : 38, 7.

ܐܦܝܣܩܘܦܐ (ἐπίσκοπος) : 1, *1*; 23, *12*, *21*; 27, *1*; 28, *2*, *6*; 42, *2*; ܐܦܝܣܩܘܦ̈ܐ : 16, *3*, *4*; 17, *15*; 19, *10*; 21, *15*; 22, *23*; 23, *15*; ܐܦܣܩܘܦܐ : 16, *1*; 19, *22*; 22, *1*, *9*; 23, *6*, *8*; 26, *26*; 30, *1*; 42, *1*.

ܐܦܘܦܣܝܣ (ἀπόφασις) : 21, *9*.

ܐܪܐ (ἄρα) : 13, *2*; 24, *12*; 32, *2*; 33, *26*; 48, *24*.

ܐܪܟܘܢܐ (ἄρχων) : 50, *2*.

ܒܪ̈ܒܪܝܐ (βάρβαροι) : 17, *21*.

ܓܢܣܐ (γένος) : 34, *26*; 46, *15*.

ܕܝܬܩܐ (διαθήκη) : 48, *4*.

ܗܪ̈ܛܝܩܘ (αἱρετικοί) : 33, *8*; 42, *8*.

ܗܪܣܝܣ (αἵρεσις) : 16, *8*, *21*; 18, *7*; 19, *8*, *26*; 21, *10*; 23, *13*; 27, *9*; 28, *8*, *27*; 31, *17*, *20*, *24*; 41, *5*; 42, *17*; 49, *10*; ܗܪܣܝܘܛܐ : 6, *22*; 38, *2*; 40, *7*; 44, *1*.

ܐܝܩܘܢܐ (εἰκών) : 20, *15*; 22, *44*; 29, *3*.

ܛܘܦܣܐ (τύπος) : 49, *15*.

ܛܟܣܐ (τάξις) : 39, *8*; 40, *4*; ܛܟܣܘܬܐ : 8, *11*.

ܟܝܡܘܢܐ (χειμών) : 45, *9*.

ܟܪܘܙ (κῆρυξ) : 5, *27*; 16, *6*; ܐܬܟܪܙ 30, *21*.

ܟܪ̈ܣܛܝܢܐ (χριστιανοί) : 17, *20*; 20, *24*; 26, *29*; 29, *5*; 38, *7*; 47, *23*.

ܡܠܘܢ (μᾶλλον) : 17, *1*; 23, *28*.

ܢܡܘܣܐ (νόμος) : 4, *20*; 5, *12*; 7, *12*; 10, *22*; 12, *26*; 42, *13*; 46, *17*; 49, *6*; ܢܡܘܣܐܝܬ : 49, *20*.

ܣܘܢܗܕܘܣ (σύνοδος) : 16, *24*; 17, *4*; 18, *19*; 19, *14*, *24*, *27*; 21, *14*; 25, *21*; 26, *24*; 32, *15*; 36, *10*; ܣܘܢܗ̈ܕܘ : 16, *5*; 17, *23*; 18, *3*, *27*; 20, *18*; 28, *16*; ܣܘܢܗܕܣ : 17, *14*, *28*; 18, *13*, *27*; 19, *1*; 23, *20*; 28, *26*; 32, *12*, *16*; ܣܘܢܗܕܘܣ: 19, *2*; 23, *14*; 27, *5*; 32, *14*; ܣܘܢܗܘ̈ܕܘ : 16, *11*; ܣܘܢܗܕܣ : 18, *11*, *15*; 21, *6*; ܣܘܢ̈ܗܕܘ : 20, *24*.

ܦܝܠܣܘܦܐ (φιλόσοφος) : 37, *2*; 41, *10*.

ܐܦܝܣ (πεῖσαι) : 5, *23*; 6, *26*; 30, *3*; 32, *6*; 35, *18*; 40, *23*; ܐܬܦܝܣ : 17, *2*; 18, *29*; 21, *24*; 26, *4*; 35, *24*; 37, *21*; 45, *18*; ܦܝܣܐ : 4, *7*; ܡܬܦܝܣܢܘܬܐ : 50, *3*.

ܦܪܗܣܝܐ (παρρησία) : 13, *17*.

ܦܘܪܣ (πόρος) : 24, *4*; 25, *7*; 26, *12*.

ܦܪܨܘܦܐ (πρόσωπον) : 10, *29*; 11, *17*.

ܦܬܩܐ (πιττάκιον) : 32, *11*.

ܪܒܘܬܐ (κιβωτός) : 49, 3.

ܩܛܓܪ (κατηγορεῖν) : 4, 15; 46, 23;

ܡܩܛܪܓܢܐ : 18, 22.

ܩܠܘ (καλῶς) : 37, 4.

ܩܢܛܪܘܢ (κεντυρίων) : 38, 19.

ܩܬܘܠܩܐ (καθολική): 27, 15, 27; 28, 15;
29, 4; 31, 29; 50, 27.

ܩܬܪܣܝܣ (κάθαρσις) : 19, 7, 15, 21; 20, 1,
3, 19; 21, 3; 23, 19; 28, 11.

TABLE OF CONTENTS

Imprimerie Orientaliste, S.P.R.L., Louvain (Belgique)

D 1967/0602/15